高中语文思维课堂实践研究

刘广强　著

吉林出版集团股份有限公司

全国百佳图书出版单位

图书在版编目（CIP）数据

高中语文思维课堂实践研究 / 刘广强著. —— 长春：

吉林出版集团股份有限公司, 2023.9

ISBN 978-7-5731-4249-8

Ⅰ. ①高… Ⅱ. ①刘… Ⅲ. ①中学语文课 – 课堂教学

– 教学研究 – 高中 Ⅳ. ①G633.302

中国国家版本馆CIP数据核字(2023)第172507号

高中语文思维课堂实践研究
GAOZHONG YUWEN SIWEI KETANG SHIJIAN YANJIU

著　　者	刘广强
出 版 人	吴　强
责任编辑	张西琳
助理编辑	米庆丰
开　　本	710mm×1000mm　1/16
印　　张	12
字　　数	200千字
版　　次	2023年9月第1版
印　　次	2023年11月第1次印刷
出　　版	吉林出版集团股份有限公司
发　　行	吉林音像出版社有限责任公司
	（吉林省长春市南关区福祉大路5788号）
电　　话	0431-81629679
印　　刷	吉林省信诚印刷有限公司

ISBN 978-7-5731-4249-8　　定　　价　68.00元

如发现印装质量问题，影响阅读，请与出版社联系调换。

前　言
PREFACE

中国共产党的创始人之一李大钊同志说过，青年要"为世界进文明，为人类造幸福，以青春之我，创建青春之家庭，青春之国家，青春之民族，青春之人类，青春之地球，青春之宇宙，资以乐其无涯之生"，字里行间寄托了其对青年人的厚望。青年代表着祖国的未来。要做一名新时代合格的青年就要具备独立思考的能力。"学而不思则罔，思而不学则殆"，培养独立思考的能力，对学生来说非常重要。独立精神是现代精神的核心，是现代人的一个根本标志。如果一个人的人格依附于他人，那就相当于精神奴隶。因此新青年应该有独立之精神和自由之意志。独立人格、独立精神、独立思考问题的方法对高中生而言都十分重要，缺一不可。一个中学生如果独立思考和独立生活的能力很差，就根本无法承担起历史的重任。一个人若甘于平庸，事事处处和别人一模一样，亦步亦趋，如出一辙，他就不可能拥有别开生面、别具一格的生活，在学习和事业上也不可能有所开拓，有所创新。

在人类已有的各种教育改进、教育变革或教育革命之中，最深沉的革命是思想深处的革命，表现为价值观和思维方式的革命。

今天及未来的教育变革有待"改变思维启蒙"。"思维"意义上的"启蒙"，本质是"改变"，且朝着两个方向发展，一是改变原有的思维方式，一是改变已有的思维能力。其中，需要警醒的是当前人们只注重"思维能力"的改变，而忽略"思维方式"的改变，它趋向于"正确的思维能力，错误的思维方式"，或者"高端的思维能力，低端的思维方式"。显而易见，这是在思维能力提升的同时，都在错误的方向越走越远。

无论是"思维启蒙"还是"改变思维启蒙"，都需要借助课堂来实现，让课堂说"思维"的话、做"思维"的事，从而让"思维"进入课堂，让理想的"思维方式"进入课堂,让高端的"思维能力"进入课堂。这就是教育界近年来所做的事情。他们通过一次次的课堂实验、课堂研讨和课堂重建,构建出思维课堂,这一课堂样态的主旨在于:把思维还给课堂,把课堂还给思维,恢复课堂本应有的"思维"的样子,高中语文课堂更不能例外。

2020年实施的《普通高中语文课程标准(2017年版 2020年修订)》中也明确指出,高中语文学科应该进一步提升学生的语文核心素养,让学生具有较强的语文运用能力和一定水平的语文探究能力、审美能力,为个体的发展和终身学习打下基础。高中学生的思维逐渐成熟,这时候发展他们的思维探究能力成为高中教学的重中之重。除了继续提高学生洞察、剖析、领悟、辨别的能力外,我们还应该特别重视学生思考问题的深度和广度,增加学生的探究兴趣,变被动地接受为主动地思维。

总体来说,教育的目的就是要发展学生的智力,而智力的核心是思维发展。当前高中教学中存在的主要问题是忽视了课程教学中对学生的思维训练,思维训练的片面性导致学生被动学习。因此,教师必须在各学科课程中进行思维教学,强化思维训练,才能提高学生的学习能力。

鉴于语言与思维密不可分的关系,训练学生思维能力的主要任务就落在语文教学上,落在语文教师的身上。随着新课改的不断推进,高中语文教师需要在传统教学模式上做出更大的改进,尝试构建思维课堂来帮助学生锻炼自主探究的学习能力,在打下扎实语文基础的同时养成良好的学习习惯和完善的逻辑思维能力。

笔者根据多年的语文教学经验,有针对性地对高中语文思维课堂教学理论进行解读和指导,更是用一些教学设计案例,把课堂上对学生的所思、所想、所说、所做呈现给大家。希望各级教研人员、全体教师一起来学习和借鉴,在继承的前提下发展,在改革的基础上创新,为课程改革和教学研究工作做出贡献。

本书在撰写过程中借鉴了许多资料,在这里我们要向这些资料的作者表示感谢。同时由于笔者水平有限,书中难免存在疏漏之处,真诚希望广大读者与专家学者批评指正,以便于今后改进和完善。

刘广强

目 录
CONTENTS

第一章
思维课堂的理论研究

语文学科是关于语言的学科，语言是物质思维的存在。新课程标准明确要求了教学要落实过程和方法、知识和技能、情感的态度和价值观构成的三个维度。思维的训练必将与文学情境融为一体，与阅读教学的过程融为一体。思考是学习深入的源泉，是开启智慧道路和知识之门的钥匙。苏霍姆林斯基曾说过："人类内心深处，有种渴望成为发现者、研究者和探索者的强烈愿望。"苏联教育家乌申斯基指出："头脑里充斥着支离破碎的、毫无联系的知识，像一间杂乱无章的储藏室，连主人也找寻不到任何东西；只有系统而无知识的头脑，就像一家小店，每个盒子上都贴上了标签，里面却空无一物。"因此，展示思维发展的变化过程，充分调动学生的思维能力，把知识融入学生自身知识体系中的课堂，才是真正的高效课堂，是学生真正需要的课堂。

课堂教学是学校教育最重要的组成部分。综观世界各国的教育，无一不把课堂教学作为育人的主阵地。时至今日，课堂教学仍然是世界各国所关注的教育改革热点。进入 21 世纪，新一轮基础教育课程改革的全面推进，使我国的课堂教学发生了深刻的变化。基于学生主体的"先学后教、以学论教"的教育理念逐渐明晰，自主、合作、探究的学习方式在课堂实践中逐步实现，致力于培育学生的核心素养成为课堂教学的指向。显然，课堂改革的研究日益呈现出它的重要性。思维课堂就是基于这一背景的行动研究。本章将从教学改革的行动研究、思维课堂的价值取向、思维课堂的理论框架三方面进行阐释。

第一节　思维课堂的理论框架

思维课堂是以思维能力、思维态度、思维习惯的培养，优化学科学习进程和结果，提升学生思维品质，发展学生核心素养的教学活动实施场域。

一、思维课堂的基本理念

思维课堂的研究以打造面向未来的学习变革为基本理念。

(1)要让学生的学习在课堂上真实发生。因此，思维课堂不以单一教授思维技能为内容，也不以讲解有思维难度的习题为任务，更不避讳谈及学科学习质量。它强调的是在课堂学习中有序培养学生的思维能力、思维态度、思维习惯，并以此优化学科学习进程和结果。

(2)让思维发展服务于学生的终身学习。终身学习是贯穿人的一生的、持续的学习过程，具有终身性、全民性、广泛性、灵活性与实用性等特点。要让学生能够"活到老、学到老"的基本条件，就是帮助他们学会学习。因此，思维课堂要打造的是思维发展与学科学习交融并进的新型学习领域，并以此提升学生思维品质，发展学生核心素养，让"学无止境"成为可能。

（3）让学习方式得到真正的优化。当我们把课堂视作教学活动实施领域时，就会发现学生、教师、教材、课程、学具、环境等一切因素都在相互发生作用，破解复杂因素之间的关联并科学运作，就能实现学习方式的优化。

二、思维课堂的实施原则

思维课堂的研究并非为了实现统一的教学规定动作，而是为了指明方向，并提出当下最具可能性的操作路径，促成学生融于学科学习的思维发展。其实施原则如下：

（1）全面中促个性。强调学生思维品质的发展，但不以此为唯一目的，更希望引导学生全面中有个性地成长，通过二者相融互促，以塑造理性精神，激发求真意识、培育健全人格。

（2）融通中重建构。主张结合学科内容、特点和进程来培养学生主动获取知识、解决问题的能力，从而整体提升其思维品质。对教师来说，重组教学内容的意义和价值也能从中得到体现。

（3）创新中求变通。以多样课型支撑更灵活的教学结构，充分尊重学生和教师的自主性，鼓励教师发挥个人教学智慧，并为举一反三的灵活实施提供多维支持。

（4）交流中有递进。杜绝拔高难度、强化操练或僵化应用，遵循儿童思维特征和发展规律，促成他们与学习材料、现实生活、教师、同伴、自我的有效交流，不断成长。

三、思维课堂的基本内涵

和传统课堂相比，思维课堂具有如下特征：①教学设计更强调有思维含量的问题设计与指导反馈；②互动生成更强调学生思维的表达和输出；③成果样态更强调引导学生以项目、作品形式呈现所学所得；④资源应用更强调思维支架与工具的综合与科学。其基本内涵概括为以下几点。

1. 课堂育人的本质体现——从知识习得走向思维发展

课堂学习不应该只是知识的搬运和储存过程。思维课堂要通过整合教材内容和学习资源，在多样的分析与综合活动中使学生形成思考力、判断力、表达力，促成学生自主性、创造性人格素养的实现。

2. 课堂育人的方式变革——从课本学习走向多维探究

课堂教学要避免局限于教材的理解和识记，或纯粹为听课效果服务的热闹活动。范式（教学理论框架体系）引导教师综合挖掘课程、课本，与学生的生活进行重组，促成学生的主动思考和多维探究。

3. 课堂育人的时空扩展——从单向输入走向教学共生

思维课堂要为学生自主、能动的思考提供时空，帮助他们把所学知识转化为解决生活中实际问题的方法和策略。范式指导教师突破传统的教学思维方式，从学生单向接受走向师生的互生共进。

四、思维课堂的理想架构

思维课堂从学生学习的视角出发，架构了理想课堂的模型，明晰了课堂教学中与学生思维发展相关的众多要素并构成整体循环，引导教师综合、科学地加以利用，实现了学科知识的活化和学生思维的发展（图1-1）。

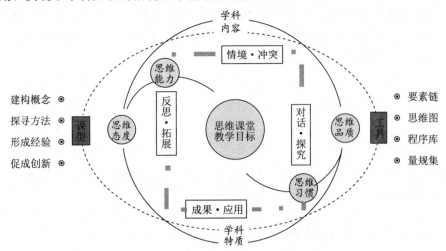

图1-1　思维课堂教学范式的架构

思维课堂的核心要素是教学目标，由学生思维发展序列融入学科学习内容梳理而成，包含阶段目标和课时目标，思维课堂的一切环节和要素都依据目标进行设计与展开。课堂学习进程既要考虑学科内容和学科特质，又要促进学生在课堂学习中的思维态度、思维能力和思维习惯的同步发展，在提升个体思维品质的同时促成有效学习、深度学习。

思维课堂的流程由五个基本环节组成。学校是学生成长学习的场所，课堂是学生学习的主阵地。学生在课堂上学习活动、研究，从而在课堂上获取知识，提升能力、锻炼思维。当然，课堂的核心是学生思维能力的提升。如何提升思维能力呢？只是空泛地谈提升思维能力是没有意义的，而是应该关注学生思维发展的全过程。课堂上学生思维的发展历程，大体分为五个环节，分别是思维导引、思维独立、思维碰撞、思维迁移、思维导图。但思维的历程是学生一个思考的历程、学习的历程，是一个无法用眼睛看见的历程，是一个在课堂中存在着的一条一直发展的暗线。而思维的发展历程，往往都融于课堂活动中、课堂的问题解决过程中。对应着思维发展的五个历程，课堂的解决问题也分为五个历程，分别是提出问题、探究问题、解决问题、拓展问题、课堂小结。而课堂上问题的解决过程往往是可见的、可操作的，是课堂发展的一条明线。

五、思维课堂的培养路径

培养思维课堂的目的就是要培育关键能力，那么，关键能力有哪些？未来社会需要的排在前五位的关键能力包括高创造力、高合作力、高持久力、高表达力、高学习力。通过什么样的路径培养关键能力？路径就是让学生成为主动学习者，这个主动包括两个方面：其一，态度的主动，我们用学生的好奇心、求知欲、进取作为内驱力；其二，学习方式组织化的主动，不是一个被动听讲接受的过程，而是通过组织去主动地发现建构的过程。

2017年5月，《关于深化教育体制机制改革的意见》就是要求：教育是着力培育顺应时代要求的关键能力。从媒体上我们可以搜索到这些关键能力的关键词，就是创造力以及为了有高创造力需要有高学习力和高表达力等。该文件不仅明确了新时代所需要的关键能力，而且特别重要的是这句话：我们今后的中考与高考要更能彻查出这些关键能力。如果各级各类学校持之以恒地发展学生们未来新时代所需要的关键能力，他们也能并一定会在中考与高考中取得优异的成绩。同时，教师习惯直接告知的知识，通过有组织化的训练让学生自主去探寻更加能够激发其学习的意愿，增加他们发展高阶能力的机会。落实"学习金字塔"主动学习方式，也就凸显了培养思维课堂的教学。

创新思维以及"双减"时代的到来，新一轮课堂教学改革即至，教与学的关系调整到位，才能真正使我们的课堂由学生被动学习走向主动学习，由单一的学习走向多样化的学习，由被适合的学习走向适合的学习，由灌输学习走向思维学习。这是课堂教学改革的关键。今天，推动课堂教学改革的临门一脚，已经不再是向一线大量输送各种所谓的新理念，教师在面对新课堂、新课程、新理念如何真正实现落地转化的时候，缺少的是有效的操作方式和模式。而"五点四环节"教学法培养思维课堂可以说是一种有效的操作方式和模式的草根探索。

"五点四环节"教学法就是落实"学习金字塔"原理的有效操作和模式。教学五点战略目标，即教学重点、难点、易错点、易忘点、拓展点；四环节教学战术目标，即教师给学生传授知识、引导学生掌握知识、组织学生运用知识、帮助学生提高解决实际问题的能力；策略操作目标，即三分讲七分练、课堂训练、讲中练、练中讲、讲练赛考、讲练测评。传授、引导、组织、帮助成为培养思维课堂的操作方式和模式，传授包括传道授业解惑，引导、组织与帮助包括计划引领、活动载体、组织参与、训练方式、比赛形式、检测手段教学模式。传授知识与掌握知识环节的是解决学生记忆力的问题，运用知识和提高解决问题能力环节解决的是思维的应用、迁移和创造问题。

"五点四环节"教学法彻底摒弃了"满堂灌填鸭式"教学，以知识为逻辑起点、以思维为实践判断，以运用为价值引领，以解决问题为关键能力，在基于问题、情境设置中讲练结合、以练为主、以思维拓展为要，围绕"五点四环节"战略制定教学目标，配置相应作业练习去进行知识的应用、迁移和创造，设计相应的活动载体进行练习，通过小组合作探究进一步升华知识的构建与主动发现，在师教兵、师练兵、兵教兵、兵练兵的教学手段中实现讨论、实践、教授给别人，通过教师转变为教练角色制定有组织化的训练方案，让学生自主去探寻更加能够激发其学习的意愿，增加他们发展高阶能力的机会。

第二节　教学改革的行动研究

一、探索以学为中心的课堂

众所周知，传统的课堂教学中，教师处在决定性的位置上，通过多种形式的"讲"，把知识传授给学生。而学生则是被动的学习者，通过听讲、记忆、练习等活动，接受教师传授的知识。这样的课堂，以知识为轴心，以教为中心。学校应在推进学习方式变革的过程中，首先要努力打造"以生为本、以学为中心"的课堂，并明确其课堂特征。

20世纪50年代以来，我国中小学的教学研究有一个明显的特点：注重研究教师的教，把绝大多数的时间和精力用来研究教学方法、教学技能和教学设计，希望通过提高教师的教学能力和促进教师的专业发展，来提高教学质量。但是，教学的最终指向是学生的学习与发展，这就要求我们从研究"教"转为研究"学"，即以学定教、研学促教。因此，学习方式的变革在学校里得到越来越广泛的关注。

（一）一大特征：回应学习者需求

"以学生为中心"的观念最早是由美国教育家和儿童心理学家杜威的"以儿童为中心"的观念转换来的。杜威的"以儿童为中心"的思想在教育界影响巨大，传统的教学是基于填鸭式、灌输式的教学，在教学过程中，教师起着主体的作用，学生被动地学习知识，杜威对"以教师为中心"的教学方法是极力反对的。

杜威提出的新思想引起了教育界的重视，有着重要的启迪作用，并被进一步运用到中学和大学的教学模式中，逐步发展成"以学生为中心"的教学观念。可以说，"以教师为中心"的对立面就是"以学生为中心"。"以学生为中心"的教学特征主要是：学生起到主体作用，教师起着主导作用。教师在传授技能与知识的过程中，更重要的是对学生进行积极主动性的引导和激发，既要"授之以鱼"，又要兼顾"授之以渔"，课堂教学将小组活动、协作式、个别式、设计式等多种形式结合在一起，或选用多媒体、互联网等多种教具进行教学设计。是否能够体现"以学生为中心"的教学模式的主要判断依据是：一方面，学生的主体作用是否能表现出来；另一方面，谁才是学习的主体，即能否体现学生的主观能动性，学生是否积极投入到课堂中，学生是不是自己的管理者。如果在教学过程中学生负责和管理控制学习的活动，积极投入到活动规划和课堂建设中，那么这种教学模式就是以学生为中心，是我们目前所倡导和积极学习的。在新课程改革背景之下，全国各地的学校一直在寻找、探索课堂改革的实施路径，从研教到研学，从"自主课堂"到"思维课堂"，持续多年的课堂教学改革行动，始终聚焦于教与学的方式优化。

"以学生为中心"就是以学生学习为中心，将学生视为课堂的主体，将学视为教学活动的核心，强调以学定教、因学设教。相较于以教师为中心的课堂，以学为中心的课堂更强调课堂教学中学生的主体地位，更注重学生的个体差异性、学习方式的自主性、课堂学习过程的探究性和学习评价的发展性。在这样的课堂中，教师要深入理解学生的学习，分析影响学生学习的关键要素。以学为中心的课堂是通过以下方面，实现"以人为本"理念和个性化教育发展趋势的。

（1）在学生观上，以学为中心的课堂，学生是学习的第一主体，是学习的主动参与者，教师是帮助学生学习的组织者和引导者。

（2）在教学观上，要树立"教是手段，学才是真正目的"的理念。教师要给予学生充分的自主学习时间和空间，注重学生学习动机的激发和意义建构，提高学生学习的主动性和积极性，培养学生自主学习的能力和持续学习的兴趣。

（3）在教学方法上，要注重学生的个体差异，注重学情诊断，能基于学情设计教学。要发挥学生的个性特长，关注学生的认知起点、认知速度和认知潜力，要因人而异、分层设计教学目标，因材施教。注重学生学习方式的转变，让自主、合作、探究成为课堂教学的主旋律。

（4）在教学评价上，教师的关注点不再是自己教案的实施情况，而是课堂中学生探究合作的参与情况。教师不仅要关注学生知识目标的达成，更要关注学生的学习过程与方法以及情感、态度与价值观目标的达成。

如此，我们明确了以学为中心的课堂，是学生、教师、教材、教学环境有机融合的课堂，其外显特征是课堂教学机勃勃、有效互助、民主和谐；内在特征是回应学生发展需求的三维目标的高效达成。

（二）三个坚持：让以学为中心成为共识

1. 坚持课堂改革有方向

明确各科课程学习的目标，指导教师因材施教。进一步组织教师深入学习课程标准修订稿，重视学科重点领域的典型课例研究，聚焦学与教的疑难问题，系统梳理同一领域的知识结构、教学目标、教学过程、教学任务和练习设计，提出有针对性的整体教学思路与教学策略。要坚持以学研教的理念，通过各类教学调研、专题研究活动，逐步完善"以学评教"的好课研讨，指导学科教师研究学生的学习规律，使教学活动更加有效。

2. 坚持课堂改革有标准

学科研究员围绕"自主式学习课堂研究"的工作重点，利用全省课堂教学改革的结构要素，把握学科特点和教师个性，构建各学科自主式学习课堂模式，引领教师主动实践自主式学习的新型课堂。

3. 坚持课堂改革有成果

集中精力开展全区各学科自主式学习课堂的优秀课例评比和教学展示活动，形成一定数量的精品课例，及时利用教研活动组织开展基于课例的研讨与学习，促使教师掌握好一堂课的特点和内涵，引导教师自觉进行课堂改革。

（三）整体架构：找到课堂改革的区域经验

以区域课堂改革要素的顶层设计推动研究行动的步步深入。课堂是教学改革的焦点，影响课堂改革的关键因素不仅包括师资队伍，还包括教学管理中的"做""管""研""评"等一系列要素。区域课堂教学改革既涉及教学内容，也涉及教学方法。项目推进不仅关注了如何"做"的问题，还涉及如何"管"、如何"研"、如何"评"等方面。

以教研方式为例，这一阶段教学领域推进了体验式的教师教研。落实学生自主学习，教师要先学会并反思自己的自主学习。希望教师用什么样的教学方式去教学生，就要先用同样的方式培训教师，通过体验式培训帮助教师在课堂教学中学会自主学习。

与此同时，各地教育部门鼓励区内学校结合校情与学情，开展内省型、自下而上星火燎原式的课堂教学改革，发挥引领和指导学生发展的作用。例如，有的中学开展"学—习—悟"自主式学习课堂教学研究。"学"是指学生的自主学习，"习"是指练习，"悟"即领悟、学会。学校结合学案导学、小组合作、课堂评价改革等方式探索自主式学习课堂的教学。又如，还有的中学将经典课研究分为四个阶段：第一阶段是教研组长、备课组长协商确定经典课的课题，然后分头独立备课；第二阶段聘请专家、教研员进行点评，评出每节课的优劣所在；第三阶段是各备课组推出参赛选手参加全校范围内的赛课活动，学校组织评委评出获奖选手；第四阶段聘请校外名师、专家教师进行同课异构评选。如某市教育科学研究所附属小学"慧脑学习课堂教学研究"提出了慧脑学习的六大要素，即积极情感、技术支持、多向互动、游戏思维、主动质疑、音乐伴随。

这一阶段的改革以教科院为核心，助力各试点学校、先行学校、基地学校推进课堂教学改革。其间，可以成立区域课堂改革工作小组和省级课堂改革小组联系学校、区级试点学校，通过试点学校的服务日、服务周、申报式调研、诊断式调研等方式开展工作，使自上而下与自下而上的互促交融成为常态。

二、探索"以自主学习为导向"的课堂

促成"以自主学习为导向"的课堂教学，提升学生的合作与探究能力。在关注学生个体差异的研究中，探索以兴趣为前提的选择性学习方式，因材施教，促进学生的个性发展。

只有学生具有自我激发的内在学习动机，对学习行为具有自我设计、自我实

施、自我调控和自我评估的能力，并积极参与学习，才是理想的自主学习。因此，在新一轮区域深化学生学习的变革研究中，学校把以探究为核心的自主学习作为重点内容，明确了课堂以促成学生自主式学习为导向的基本框架。

（一）提出自主学习的教学建议

探索是人类的天性，学习是人类的本能。但在应试教育背景下，学生自主学习能力的培养并未得到应有的重视。没有教师授课，学生似乎就不知道学什么；没有教师布置作业，学生似乎就不知道怎么学。课堂教学改革首先是针对学校教师的改革，教师没有改变，学生也不会有改变。

为了提升教师的课堂教学能力，引导教师悦纳课堂教学改革，各学科研究员围绕课堂教学改革的结构要素，与骨干教师共同研制了"自主式学习课堂教学建议""自主式学习课堂教学评价表"，引领教师主动践行自主学习的新型课堂，熟练掌握各学科的自主式学习实施建议。

（二）优化课堂中的小组合作学习

优化小组合作学习也是促进课堂教学改革取得成效的关键之一。大到班级文化建设，小到教室环境布置，都应考虑到自学讨论、成果展示以及达成合作任务的需要。还有建立在文化先行基础上的一系列评价制度的跟进，包括日评价、周评价、月评价、学期评价、个人评价、小组评价、班级评价等。

在各学科研究员眼中，优化课堂中的小组合作学习，关键是深化自主、合作与探究学习，促进学习方式转变。他们深入试点学校展开研究，通过对活动化学习、个别化学习、合作化学习和探究式学习四种学习方式的观察和研究，突破小组合作的学习形式，形成的成果通过教研、培训等形式进行推广。

（三）支持差异发展的分层学习

以促成自主式学习为导向的课堂，要针对有差异的学生实施有差异的教育，帮助他们实现有差异的发展，获得有差异的成功。以促成自主式学习为导向的课堂实施，既要做到基于学生的学习起点设计分层的教学目标，又要以提升学生课堂学习的成功感和愉悦感为导向，进行分层的课堂评价，还要关注学生课堂参与和角色体验，落实分层的课堂教学策略。

例如，以导学案为载体，以小组合作学习为主要形式，以课堂学习成果展示为平台，实施差异发展的分层教学。不同类型和程度的学生，在课堂上都能获得表达和展示才华的机会。学生既可以通过朗读、介绍、表演等形式进行展示，也可以通过板演来展示。学生之间的点评、补充、质疑、竞争，教师的点评、激励、引导、分析、点拨、讲解，有效地促进了学生的课堂参与和角色体验，促进了学生有差异的发展。

（四）转变学生课堂中的学习方式

转变学生课堂中的学习方式，能够有效提升学生的学习兴趣，促进学生可持续发展。教师不仅要在班级硬件设计上体现这样的教学理念，更要从课堂教学行为上予以贯彻。

根据一些试点学校的经验，转变学生课堂学习方式主要的方法有：一是以"选层""选法""选项""选材"为途径，创设出能最大限度支持学生做出主动选择的课堂情境，拓展学生自主学习的空间，调动学生学习的积极性和主动性；二是以"课堂分层作业""单元阶梯作业""期末星级作业"等选择性作业的实践，引导学生从"我选择"转变"我负责"，从根本上调动了学生学习知识、解决问题的积极性，实现情感悦动、过程互动、主体能动、课堂灵动的教学效果。

三、融合现代技术的课堂教学

以"智慧学习"为关键词，在无边界学习理念的指引下，充分利用先进的教育技术促进学生学习方式的改变，带给学生更多积极的学习体验，从而提升学生运用新媒体的能力和综合素养。

（一）电子白板与学习深度融合

交互式电子白板是教学信息展示的平台，是师生课堂互动的平台，是再生资源生成和管理的平台，也是学生知识建构的平台。有些学校积极开展对电子白板技术深化学习方式变革的研究，通过"攻关小组先行，以点带面""菜单自主培训，考核过关""项目带动工作，兴趣优先""以比赛带培训，任务驱动""优质资源建设，知识管理"等措施，促进以电子白板技术为支撑的互动学习实践，建构丰富鲜活的媒体资源，探索交互体验的新型学习方式。

（二）移动学习引发的课堂革命

从 2010 年开始，一些学校开始展开移动学习介入课堂教学的研究，有效推动了学生学习方式的变革。移动平板电脑进入课堂，不仅实现了学习资源的共享，更使自主式学习、个性化学习和无边界学习的方式得以广泛实施。学科研究员及学校骨干教师积极投入到移动学习的项目研究中，在语文、数学、英语、科学、美术等学科上开展了移动学习的探究，积累了许多优秀课例，找到了促进学生个性化学习的路径。

在一些试点学校中，电子平台打破了师生互动的时间和空间障碍，教师教学也不再是"黑板＋教科书"的固定模式。海量的学习资源库逐渐构成，众多的学习资料包，包括图片、音频、视频以及教师的教案、课件和习题成为课堂教学的"及时雨"。学生人手一台移动平板电脑，可以根据学习进度、学习难度和学习容量，结合自己的学习兴趣和能力进行自主选择。

（三）翻转课堂，提高学习效率

翻转课堂是指重新调整课堂内外的时间，将学习的决定权从教师转移给学生。

翻转课堂这种教学模式使学生能够更专注于主动的学习，共同研究解决本地化或全球化的挑战以及其他现实世界面临的问题，从而获得深层次的理解。

翻转课堂模式是大教育运动的一部分，它与探究性学习、混合式学习及其他教学方法和工具在含义上有所重叠，都是为了让学习更加主动、灵活，让学生参与度更强。互联网时代，学生通过互联网学习了丰富的在线课程，不一定非要前往学校接受教师讲授，互联网尤其是移动互联网催生了"翻转课堂式"教学模式。

翻转课堂让学生逐渐成为学习的主角。因此评价机制的提升，可以促进翻转课堂更加普及。

翻转课堂的推动，打破了现有的"谁是教师就由谁来评价学生学习状况"的传统做法，建立了一种新型的评价机制。学生在学习的过程中，可以观看自己任课教师的视频来学习，也可以观看其他老师的视频来学习，只要能够顺利通过考核，都应该计算学分。翻转课堂有利于优化教育资源共享，对促进教育均衡发展也有很重要的意义。

第三节　思维课堂的价值取向

教育部发布的《义务教育课程方案和课程标准（2022年版）》，明确了义务教育课程方案和语文等16门学科的课程标准，在此前提下，以促成自主式学习为导向的课堂改革初见成效。其中，"前置学习任务设计""学习合作小组建设""展示性学习与学情诊断"三个改革重点均有突破，但"思维引导与学法指导"的研究遇到瓶颈。自新课标实施以来，教师选择直面问题，着力研究"思维课堂"，力求实现课堂从"知识立意"到"素养立意"的突破，以思维发展促进学生核心素养的落地，让课堂教学改革向纵深发展。

一、未来视角：思维课堂研究的价值起点

当人类社会处于采摘与渔猎文明时代时，教育以发展学习者的生存技能为主要目标，人们在群体活动中依赖言传身教，学习狩猎、采集、捕鱼、缝制衣服、战斗等。几千年来，人类经历了农牧和养殖文明时代、机器工业文明时代，教育的主要目标从教人"如何做人"和"如何做官"转向教授现代科学知识及发展专业技能。今天，知识与技术的更新速度不断加快，"智本"将代替"知本"，"学力"将重于"学历"，教育目标正从"传递知识"走向"发展心智"。促成学生的终身学习、自主学习、深度学习，是当代教育的历史使命。教育必须实现目标的变革——从向学生传授知识和技术转变为发展学习者的心智能力，即心理能力和思维能力。

（一）教育需要应对全球变化

联合国教科文组织对 21 世纪的知识、学习和教育重新下了定义，将知识广泛地理解为通过学习获得的信息、认识、技能、态度和价值观。知识本身与创造及复制知识的文化、社会、环境和体制背景密不可分。学习既是获得这些知识的过程，也是这个过程的结果；既是手段，也是目的；既是个人行为，也是集体努力。学习是由环境决定的多方面的现实存在。获取何种知识，在何时、何地、如何使用这些知识，是个人成长和社会发展的基本问题。教育可以理解为有计划、有意识、有目的和有组织的学习。

在此前提下，未来的课程建设更注重综合性、实践性、开放性，学科壁垒被打破，学生的主体地位更为凸显，自主、合作、探究的方式是决定课程实施质量的关键因素。

（二）课堂是培养学生终身学习愿望和能力的主阵地

迈向新时代的中国，对义务教育质量提出了新的要求。中共中央、国务院《关于深化教育教学改革全面提高义务教育质量的意见》（以下简称《意见》）指出，提升智育水平，就要着力培养认知能力，促进思维发展，激发创新意识。《意见》

对理想的课堂有更具体的解读。目标导向的关键是"立德树人""着力培养认知能力，促进思维发展，激发创新意识"。这要求我们必须改变传统的质量观和由传统质量观带来的教学质量管理模式。课堂教学要从关注知识传递走向关注每一位学生的全面发展；要从提升知识应用能力走向意义建构，也就是教师要发挥引导作用，通过补充材料，引导学生在对比中增加新的认知，在分析中解开思维的结扣，打破思维定式。实施的关键是优化教学方式。《意见》提出了多种教与学的方式——启发式、互动式、探究式教学，情境教学，学科综合化教学，研究型、项目化、合作式学习，差异化教学，个别化指导教学。落实的保障机制为加强教学管理、完善作业考试辅导、促进信息技术与教育教学融合应用，提高教师的教育教学水平。

如果 21 世纪的主要教育目标是培养学生的学习能力，支持他们发展成终身的、活跃的、独立的学习者，那么教师需要成为"学习教练"——一种不同于传统课堂教师的角色。"学习教练"也许会提供指导以帮助学生发展技能，但他们的主要任务是提供有助于学生达到学习目标的支持。作为"学习教练"的教师将鼓励学生与知识进行互动——去理解、批判、控制、设计、创造并改变知识。

课堂是目前学校存在的基本学习形式、学校教学质量的主要载体，也是教师职业的主舞台、学生成长的主阵地。钟启泉教授提出："学校改革的定律是'课堂不变，教师不会变；教师不变，学校不会变'"。顾明远教授提出："课堂教学是完成国家课程标准的主要形式，是培养发展学生思维的主渠道，是集体学习最好的场所"。可见，课堂教学是培养人才的主渠道。

国家教育咨询委员会委员陶西平曾经提出："教育改革最终要体现增长知识、见识与增强综合素质的结合，规范落实与教学创新的结合，先进技术应用和教学课程优化的结合，面向全体学生和关注每个孩子的结合。"[①] 这四个结合解读了课堂教学的内容、途径、方法和目标。可以说，课堂教学是教育改革成果的检验场。

对于教育改革来说，课堂教学就是关键点，课程改革若是不能在课堂教学层面取得突破，那么所有的努力可能都将付之东流。

---

① 陶西平. 课堂教学改革的成果、问题和对策——教育改革最终要发生在课堂上，教师成长是关键[DB/OL]. 搜狐网科学教育大家谈，2018-11-12.

二、素养立意：思维课堂研究的价值定位

人们已经发现，并不是知识越多，创造性思维就越发达。知识的记忆和重复操作对创造性思维没有意义。尤其是现在，人工智能的发展将使目前"以教师教授知识、学生记住知识"的传统教育优势荡然无存。教育的价值不在于记住很多知识，而是训练大脑会思考，去发展计算机所不能的高阶思维能力。

（一）学生发展核心素养与思维发展的关系

百年之前，"脱盲"的标准是让大部分人能读、会写、能算，那么，今天的"脱盲"标准又是什么呢？2016 年，《中国学生发展核心素养》研究成果发布。核心素养以培养"全面发展的人"为核心，分为文化基础、自主发展、社会参与三个方面，综合表现为人文底蕴、科学精神、学会学习、健康生活、责任担当、实践创新六大素养，具体细化为国家认同等十八个基本要点。学生发展核心素养指学生应具备的，能够适应终身发展和社会发展需要的必备品格与关键能力，是关于学生知识、技能、情感、态度、价值观等多方面要求的综合表现。

明确核心素养，一方面可通过引领和促进教师的专业发展，改变当前存在的"学科本位"和"知识本位"现象；另一方面可帮助学生明确未来的发展方向，激励学生朝着这一目标不断努力。这一成果明确了学生应具备的，能够适应终身发展和社会发展需要的必备品格与关键能力，是适应世界教育改革发展趋势，提升我国教育国际竞争力的迫切需要。

（二）课堂是发展学生核心素养的跑道

教师都有一个共识：同样的内容，教学方式不同，教出来的学生后劲也不同。没有教学方式的变革，就没有真正的课程变革，教学方式的变革决定了课程改革的成败，决定了新时期学生能力素养的落地。教学方式的变革，不但需要我们持之以恒地开展变革，而且需要我们深度介入课堂，和教师们一起研究、改进教学。

所有人对课堂并不陌生，但课堂是什么，确实是教师一直追问的问题。一种界定认为，课堂是学生学习的场所。但是，遥想孔子席地授业的情景，我们可以发现场所似乎不那么重要，而学习的内容很重要，传递学习内容的人也很重要。另一种界定认为，"课堂是围绕学习内容划分的结构性时段"。但是我们同样需要思考，有了内容和时空，就有了有效学习吗？笔者认为，课堂应该是一种特定情

境，它的有效性很大程度上取决于教师的教与学生的学所构成的双边活动，即思维交互是否发生、是否有效。

从关系交互的角度来审视课堂，会发现：作为师生主要的教学交往环境，这个时空里不仅有各种具体事物(教师、学生、教学资源、教室空间等)的组合，还有不断发生作用的关联，这种关联影响并作用于每一个身处其间的人。在课堂上，具有影响作用和产生影响效果的标志是，学生在学习中是否真实、深入、有效，教师是否触发并引导了这种学习，师生之间是否产生了思维激荡的互动。如果答案是否定的，课堂的作用、课堂的意义和价值也就不复存在。

课堂是发展学生核心素养的跑道，这一观点无须论证。但重要的是，我们如何打造这样的课堂将是教育研究的核心课题。

三、发展思维：思维课堂研究的价值追寻

教育质量事关亿万青少年健康成长，事关国家发展和民族未来。课堂是教育的主阵地。

(一)审视：思维在课堂中的弱化

全面提高义务教育质量的关键是"上好每一堂课"。以这样的标准来衡量，学科研究员们发现，有些全省教育比较发达的地区，仍然无法保障每个课堂中的学习真实、持续又有效地发生。

(1)学生思考时空被挤占。教师为一堂课准备几十张 PPT 和数量过多的练习题的情况并不少见。在教学内容偏多、教学节奏偏快、机械操练过多的课堂中，学生没有充分的探究机会和思考过程，课后时间更被"死记硬背""机械重复"填充。此现象背后是社会对分数过于关注带来的结果。普遍性的升学焦虑挤占了学生在课堂中的思考时空。

(2)思维指导被教师忽视。始于师徒传授、私塾讲授的传统教学模式，有其丰富的经验和优势。但不可否认的是，传统教学的关注点在"知识"，教学的目标是让学生"把知识记住"。调研数据显示，超过半数的课堂活动，教师关注的答案大多集中在听讲后回答、解题，练习、根据要求阅读后汇报等围绕知识点掌握的活动中。长期下来，教师有意无意地忽略了课堂中的思维指导。

(3)思维发展目标被矮化。也有部分教师在课堂中希望关注学生的思维发展，但低水平的教学实践导致思维能力的矮化。表现为课堂教学活动避开逻辑、辩证、创造等高阶思维，大多停留在"理解""识记""模仿""应用"的层面；抛开深刻

性、敏捷性、灵活性、批判性和独创性，以提高有难度的练习正确率替代思维品质的评估。同时，广大中学生在高层次能力方面的表现并无优势。

（二）矛盾：指向思维的课堂研究需要突破

"课堂育人"始终是教学改革的核心主题。事实上，"思维课堂"的研究之路存在诸多矛盾。

（1）宏观方向与具体细化之间的矛盾。《中国学生发展核心素养》强调要培养学生的理性思维、批判质疑的能力，修订后，各学科课程标准对思维发展也提出了要求，但二者都是宏观指向，缺乏具体可操作的指导意见。

（2）理论研究与课堂实践存在距离。近年来，思维发展得到了学界重视，但研究均偏重于理论，落实到课堂实施的成果亟待充实。究其原因主要有以下两点：第一，教育理论脱离教育实践的问题。长期以来，理论研究者身处书斋文献之中，从事纯粹的理论研究或逻辑思辨研究，只有在一定的条件下，理论工作者才会深入实践做相应的调查研究。第二，教育实践拒斥教育理论的问题。有理论研究者深入实践之后才发现，长期指责理论工作者脱离实际的实践工作者，其实并不怎么欢迎理论，也并不怎么相信理论。这些都对课堂理论与实践之间的关系有着严重的影响。

（3）教师对思维课堂教学的迷茫。教师们普遍认同思维的重要性，但又习惯于传统教学模式。固然，传统教学有其丰富的经验和优势。但不可否认的是，传统教学的关注点在"知识"，教学的目标是把知识"学会"，能力达成的导向以模仿、应用为主，使得学生的思维水平在低层次徘徊，过于强调认知结果带来的"死记硬背""题海战术""机械重复"，加重了学生的学习负担，缺少有意义的思维参与。不可否认的是，我们九成以上的教师就是在传统教学一统天下的课堂中成长起来的。对于"思维课堂"，他们没有体验，也没有经验，更谈不上设计与实践的能力。

（4）思维本身特质与教学评估的冲突。众所周知，学习过程中思维运作是复杂、多变的，它的隐秘是几千年来困扰人类的最大难题，这种不可见给教学诊断带来了无法跨越的障碍。但是，作为教学的必要流程，无法评估就不能开展有针对性的教学指导。

要解决以上种种问题，仅凭教师个人或一校之力是远远不够的。我们认为提高课堂育人实效的关键是实现以思维发展促进学生核心素养的落地。促进学生和教师在课堂中积极主动的思维互动和思维发展，是提高课堂教学质量的关键，也是课堂教学改革的方向。这是课堂育人的时代新要求，也是课堂育人的核心价值所在。

第二章
思维课堂的教学目标设计

教学目标是对教学活动预期结果的主观设想，是教学活动达成的结果与标准。它是教学活动开展的方向与指引，也决定了教学内容的选择、活动形式的设计和方法手段的运用。教学目标的设计是教学活动价值及教学预期结果的明确表达，制定清晰、科学、恰切的目标是教学设计的首要要素。据此，思维课堂先要解决的就是教育目标问题。换言之，只有解决了思维课堂的目标定位，才可能真正实现课堂的转型。本章就围绕思维课堂教学目标设计的定位、基于学生思维特征的教学目标设计、基于学科思维特质的教学目标设计做一些阐述。

教学目标设计中存在的常见问题如下：

（1）无教学目标。教师写完课题名称、课型、教学方法、教学重点、教学难点之后马上就进入到教学过程的设计，导致目标缺失。

（2）目标的设计过于笼统含混。一种是把一节课的教学目标定得太大，与教育目的、课程目标混为一谈；另一种是放之四海而皆准，不具有操作性和指向性。

（3）目标不完整。教师不会遗忘知识与技能的目标，而且也会作为重点来设计，但是往往不会写，也不想写过程性的目标和体验式的目标，导致教学目标片面化。

（4）目标脱离教学实际。教师按照教学目标进行教学时，教学实施过程、实施结果与预设的目标不一致，属于虚化的目标。

许多教师在教学设计上写道：让学生怎么样、培养学生什么能力、发展学生什么长处、帮助学生解决什么……其实这样的表述是不规范的，它意味着行为主体成了教师。教学目标是学生达到的预期，那么行为主体一定是学生。

第一节　思维课堂教学目标设计的基本内容

思维课堂教学目标设计的内容是引领课程发生的核心内容，因此教师要重点进行设计。我们从以下三点对思维课堂教学目标设计的基本内容进行认识。

首先，教学目标与课程目标相比，来得更为具体，是课程目标、学科目标的分解与实践的明晰，它呈现了实践活动的基本框架，也影响了每个教学环节的推进，对教学实践有直接的指导意义；其次，教学目标是教学活动效果评估的依据，在教学活动完成之后，教学工作者根据教学目标来确认教学活动的效果，目标可以进一步细化成教学评价的标准，所以说教学目标设计尤为重要，因为它是教学活动开展的方向；最后，教学目标在设计的这个环节是一种主观的预设，优秀的教育工作者会根据教学经验，在课程标准、教材内容及学生学情的基础上开展目标预设，并会在实际操作过程中不断修正与完善教学目标。

一、我国基础教育教学目标设计的变化

中华人民共和国成立 70 多年来，基础教育变迁影响到了学科教师的具体实践，尤其是改革开放 40 多年来，我国基础教育学科教学目标设计经历了从"双基目标"到"三维目标"再到"素养目标"的演变过程，每一次教学目标设计理念的变化都与社会发展对人才培养的需求相关。

（一）双基目标

"双基"教学起源于 20 世纪 50～60 年代，并在 80 年代大力发展。中华人民共和国成立以来，我国的基础教育共经历了 8 次改革。中华人民共和国成立之初教育教学受政治影响较大，20 世纪 50～60 年代全面借鉴了苏联的教育体制，建立了大一统的课程、教材以及教学计划。20 世纪 80 年代面对青少年文化知识匮乏、基本技能欠缺的状况，国家开始了扎实的教育教学部署与推进。

"双基"是基础知识、基本技能的简称。主张把基础知识和基本技能作为普通中小学教学内容核心。这一目标植根于中国大地，对我国当代的课程实践产生了深刻的影响，现行中小学课程的优劣无不与"双基"目标的确立有密切的关系，并在具体的学科要求上强调了每一门学科要特别重视基础知识与基本技能。

教学活动的主角是教师，"让""使"体现了教师的绝对地位。"双基"教学目标强调知识的重要性，体现了知识与技能的体系完整，它以"知识"为起点，重视"记忆"水平的达成，"知识的运用"以模仿以及简单的操练为主，学习的思维层级较低。

为落实学科"双基目标"，教学重视精讲多练，熟能生巧。教学的重心在于知识的记忆与技能的应用训练掌握，一切以使学生获得扎实的基础知识和熟练的基本技能为教学的根本目标。这一时期的教学是一种教师高度掌控的高效课堂，以学生记住的知识多少以及熟练掌握应用技能多少为评价标准。课堂有着固定的流程：讲授知识技能—教师示范—学生模仿应用—小结—作业。教学目标的设计尤其要明确的是，讲授什么知识和技能，要求学生掌握到什么程度。"双基"教学目标设计要求明确，以教师为绝对的中心，凸显"教"的功能作用，在当时的背景下与"短时间、低起点"的教学要求落实有着直接的关系，但是因为其强调的是一种

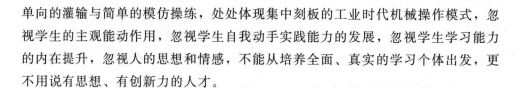

单向的灌输与简单的模仿操练，处处体现集中刻板的工业时代机械操作模式，忽视学生的主观能动作用，忽视学生自我动手实践能力的发展，忽视学生学习能力的内在提升，忽视人的思想和情感，不能从培养全面、真实的学习个体出发，更不用说有思想、有创新力的人才。

（二）三维目标

三维目标指的是从教学指向的三个维度去设计的目标，这三个维度分别是"知识与技能""过程与方法""情感态度与价值观"。这三个维度本来是对课程目标的规定，教育部发布的《基础教育课程改革纲要（试行）》中指出："国家课程标准是教材编写、教学、评估和考试命题的依据，是国家管理和评价课程的基础。应体现国家对不同阶段的学生在知识与技能、过程与方法、情感态度与价值观等方面的基本要求，规定各门课程的性质、目标、内容框架，提出教学和评价建议。"学科教学借鉴了这三个维度，并将其旗帜鲜明地运用到学科教学目标的设计上。

曾有学者对"三维目标"的内涵做了这样的界定："'三维目标'是基础学力的一种具体表述，第一维目标（知识与技能）意指人类生存所不可或缺的核心知识和基本技能；第二维目标（过程与方法）中的过程，意指应答性学习环境与交往体验，方法意指基本学习方式和生活方式；第三维目标（情感态度与价值观）意指学习兴趣、学习态度、人生态度以及个人价值与社会价值的统一。"

新课程改革带来了全新的教育教学气象，其中一个表现就是学科教学目标设计的"三维"追求，是对"双基"教学目标设计的一种超越。对学科知识与技能不是仅仅停留于基础知识、基本技能，而是强调知识与技能对人适应终身学习的价值，对形成核心竞争力、提升持续的学习力的作用。这里的"知识"包括了学科基本知识和人类生存所需要的核心知识，"技能"是人为了适应时代发展获取处理信息的能力、运用技术的能力、终身学习发展的实践能力等。对于"知识与能力"的深度、广度在学科"双基"的基础上有了比较大的发展。同时，将"过程与方法""情感态度与价值观"单列凸显，这是对整个课程改革新理念的回应与彰显。

"三维目标"将教学目标设计从"一维"扩展到"三维"，并将发展性评价和过程性评价的思想融合到教学设计之中，尤其强调知识技能习得过程中学习者的主观能动性和学习背后的价值意义、情感态度等非智力因素的内容，并将其单独列出。这种教学目标设计的结构创新在一定时期引领了基础教育理念的更新，提升了教育教学的软实力，呼应了人才培养适应新时代发展的需求。根据"三维目标"设计的内在逻辑，"知识与技能"本身只是静态的存在，人对"知识与技能"的拥有路径丰富，且有限的生命不能以获得的"知识与技能"数量为衡量生命价值的标准，学习行为本身以及学习带来的主观体验感对于人的发展更为重要。

由于教学目标照搬了课程目标设计，教学目标虽然是课程目标的具体分解与落实，但并不能每一节课都能实现一一对应。另外，人为地将三个维度割裂开来，出现了为写目标而写目标的情况，或者出现后两个目标因虚化而未有落实，或者过分强调后两个维度的目标而弱化了知识与技能的教学实践。其实，三个维度的教学目标是一起推进、融合落实的，过程与方法、情感态度与价值观只有依托于具体的学科教学活动才能落地。在具体的教学过程中，学科不同，课型不同，教学目标设计的侧重点也会不同。早期的三维目标设计还是从"教"的角度出发，忽视了"学"为主体，"教"的单向输出痕迹仍然较重，到后期才逐渐由"教"转为"学"。

（三）素养目标

依据党的十八大和十八届三中全会提出的关于立德树人的要求，我国学生发展核心素养以培养"全面发展的人"为核心，分为文化基础、自主发展、社会参与三个方面，综合表现为人文底蕴、科学精神、学会学习、健康生活、责任担当、实践创新六大素养，具体细化为国家认同等十八个基本要点。为了让学生发展核心素养在学科教学中落地，2020年，教育部组织各学科专家组修订了《普通高中课程方案》，该课程方案最大的亮点就是凝练了学科核心素养，其中指出："中国学生发展核心素养是党的教育方针的具体化、细化。为建立核心素养与课程教学的内在联系，充分挖掘各学科课程教学对全面贯彻党的教育方针、落实立德树人根本任务、发展素质教育的独特育人价值，各学科基于学科本质凝练了本学科的核心素养，明确了学生学习该学科课程后应达成的正确价值观念、必备品格和关键能力，对知识与技能、过程与方法、情感态度与价值观三维目标进行了整合。"课程标准还围绕核心素养的落实、精选、重组课程内容，明确内容要求，指导教学设计，提出考试评价和教材编写建议。在具体方案中还以此为依据，制定了学业质量标准，对学科核心素养应达到的水平、各水平的关键表现构成评价学业质量的标准作出了规定。

基于核心素养理念的教学目标设计（以下简称"素养目标"）可以概括为："以学科素养目标为思考框架，根据课程标准的目标和教学内容，结合学生情况，确定某一课的核心目标，并细化为相关的学科技能，对学科技能学习结果进行水平划分。"核心素养理念下的教学目标设计以学生为核心，从学生学习的视角，以学生为目标主体，强调学生的实践活动，凸显与学科核心素养的对应和落实，尤其是对其达成的水平做出了清晰的界定，可操作，可检测评价，对教学指导意义非常大，这点是一个很大的进步。

与"双基目标"和"三维目标"相比，"素养目标"强调学生本位，素养导向下的教学目标不再对如何"教"进行过细的指导，而是强调在学科核心素养以及水平等级引领下实现自我学习评价的对应与实施，强调对核心素养的深刻理解和具体分解细化，在多种方案的选择比对中找到最合理的、适合学生学习的过程方法。素养目标按照学生学什么、怎么学、学得怎么样的逻辑来表述。

二、"思维课堂"的教学目标

思维课堂目标的设计是启迪思维发生、落实课堂内容、实施课堂计划之关键所在，师生通过目标达成而最终实现有效教学与学习。目标设计是教学如何设计的第一要务和基本前提，是一堂课的学习灵魂所在。目标设计是否合理、科学，直接影响着学习效果。

（一）传统的教学目标设计存在的问题与误区

一是把课程目的与课堂目标混为一谈，致使目标过大，不着边际。二是往往根据课程标准和教材设计目标，教师的"主观规定性"太强，与学生的学情关联度不大。三是目标较少考虑课本内容，和课本容易脱节，容易造成学生的自主学习无所适从。四是对目标的内容和达成度缺乏清晰、具体的表述，很难检测目标达成的效果。五是常用"使学生……""培养学生……""教会学生……""拓宽学生知识面"等句式进行表述目标，缺乏对学生学习的激励性。

把教学目标改为学习目标，对于改进上述问题具有积极的意义：一是内容上，教师可以依据课标、文本的要求，从学生实际出发，从学习者的角度设计明确、切合学生实际情况的学习目标；二是表述上，使用"我知道……""我能够……""我运用……"这样的表述方式，学习活动设计清楚指向学生的学习行为，明确了学生开展学习活动后必须达到的预期目标；三是层次上，教师可以根据"以人为本"和"因材施教"的理论基础为原则，设定这三个层次的学习目标，使每一名学生在学习上，都可以通过有效的路径获得成功。如此才能让学习充满激情、活力和意义。

（二）传统学习目标的特点

学习目标以学情为基础，是教师和学生共同期望的学习成果，具有以下四个特点。

1. 层次性

学习的目标是教师实现教学意图的关键，应该有效落实到学生的学习活动过程中。因此，学习目标设计必须考虑学生基础、教学内容、师生关系、时间安排以及实现目标可能遇到的问题。

2. 导向性

学习的目标必须指向明确，目标行为动词必须具体明了，尤其在表述中，不能使用模糊不清的目标行为动词，如"了解""掌握"，因为学习目标的行为主体是学生，他们很难界定到什么程度才算是"了解""掌握"，所以具体表述上使用"我能说出""我能辨认、复述、识别、背诵、回忆、选出、举例"等句式，尽量使目标描述具体，便于落实到位。

3. 务实性

学习目标是学习活动的出发点和归宿，是制定学习流程的准绳，是制定学习路径的依据，学习目标因此具备务实、可测的特点。

4. 激励性

既然学习目标是为学生自主学习服务的，那么它应该具备以下特点：一是语言表述运用肯定的(而不是疑问句或尝试语句)、学生易于接受的语言，做到朴实无华，通俗易懂；二是要以"我知道""我能""我会"等作为表述的基本格式，体现对学生学习的激励性，并以此激发学生学习的浓厚兴趣和积极性；三是要切合学生的基础实际，是学生经过努力能够达到的，切忌贪大求多，好高骛远。

应该注意的是，虽然三个层次的目标是着眼于认知目标设计的，但因为语言表述上对学生具有激励性，对于学生建立学科情感、促进思维发展具有明显的作用。同时，由于目标、路径、流程设计等方面特别注重方法和过程的渗透，特别是课堂流程设计上强化了学生自主学习、合作意识和学习习惯的培养，因此学习目标不能仅仅局限于知识和能力，还应包含过程与方法、情感态度与价值观的目标。

(三)"思维课堂"教学目标遵循的原则

1. 学科融入

"思维课堂"的教学强调凸显思维能力的培养，但这种凸显并非单纯地进行思维技能训练。"思维课堂"的教学目标设计是将思维能力培养融入学科教学的过程中，以学科教学内容为载体，借助学科教学的方法手段，在实现学科教学目标的同时，完成思维能力培养和思维品质提升。

2. 多维序列

"思维课堂"的教学在对学生进行学科思维能力训练和品质提升的实践中,应遵循学生的思维特征,把握各个年龄段学生的思维发展特点,来安排适宜的教学目标;每一门学科都有其学科特质和核心素养,"思维课堂"教学目标设计也要彰显学科的思维特质。在此基础上,思维能力系统化设计,隐含在学科教学中,同时自成多维序列。

3. 可操作可评估

思维本身是一种个性化、内隐的心智活动,教学目标是对教学结果的预期设想,可以指导教学实践的开展,也是教学效果评估的依据。"思维课堂"教学目标遵循目标设计可操作可评估的特点,力求达成目标设计中体现思维教学过程的可视化和教学结果的成果化。

4. 灵活生成性

思维能力培养的方法是多样的,路径也是多样的,每一个环节、课时目标都围绕着阶段目标和学期目标,教师可以根据学情及教学实际情境做出实时的调整与修正,在总目标相对明确的基础上,根据每一课时或者每一阶段的具体设计,教师可以做出个性化的调整生成,体现出教师个人的教学智慧和自我的解读特点。

三、"思维课堂"教学目标设计流程

"思维课堂"的教学目标设计基本上按照课程标准—课时目标—提炼思维要素—设计这样的流程进行。

1. 对照课标,按照学情,制定课时目标框架

课程标准规定了某一学科的课程性质、课程目标、内容目标、实施建议,它对学生在一段时间内学习某一学科的知识、能力、方法等方面做出了明晰的指导。但由于课标是统领性的指导意见,所以条目概括精简。在具体的教学操作中,我们要根据课标的要求,进一步做细致的分解,一直到每一阶段学习内容,继而每一单元、每一课时的教学目标,可以先是目标框架,包括学习内容(知识、能力)、学习方法、学习结果等。从课程标准到课时目标的分解,要充分考虑学情,根据学生的实际情况进行。

2. 明晰学科技能水平,提炼思维要素

学科核心素养的达成载体是学习内容(知识、能力)、学习方法和学习结果,而达成的实践过程需要思维的参与,将这些思维要素进一步明晰并提取表达出

来，是实现"思维课堂"教学目标设计的关键环节。思维要素包含了思维外显的行动词，如比较、辨析、论证、质疑、归纳、想象、猜想等，这些动词既是活动环节安排的实践行为，也包含了丰富的思维活动。

3. 编写"思维课堂"教学目标

"思维课堂"教学目标根据预期的学习结果来表述，包含学习主体、学习行为（思维活动）、学习结果三个部分，凸显的是学生学什么、怎么学、学得怎么样。这个目标的表达中包含了几个序列的内容：第一，学习内容、学科知识及技能；第二，思维技能、品质、习惯；第三，学习情感、态度等。这些内容并不是单列分别表达，而是整合融通。

四、"思维课堂"教学目标设计策略

1. 转化策略

我们在设计课堂教学目标时，要充分运用转化策略来实现目标设计，主要表现为将结果目标转化为"过程＋结果"的教学目标，将学习行为动词转化为思维能力动词。

2. 聚焦分解策略

高中阶段需要培养的思维能力种类比较多，根据具体的章节，结合具体的教学材料，确定最适合培养的思维能力内容。一般来说，单元聚焦法比较利于教学的实施，就是一个单元重点聚焦1～2种思维能力培养，集中指向，然后再根据这种思维能力的具体要求，结合每一个课时的教学内容进行分解重组制定。

3. 寻绎策略

"寻绎"一词的含义是"抽引推求"，这里包含了寻找、抽取、引出、推求等多个环节，"思维课堂"教学目标的确定本身就是要遵循寻找、推求、验证、确定的思维循环规律。"思维课堂"教学目标的确定可以充分利用教材元素，如语文教材中的"单元导读""阅读提示""课后练习""文章注解""文后拓展材料"等，更要从文本本身去抽丝剥茧，关注作家身世、写作背景、文学流派、语言风格、时代风貌等，寻找教学培养的目标与依据。

第二节　基于学生思维发展的教学目标设计

学生思维的发展是随年龄的变化而循序渐进的，它是沿着具体的直觉思维、形象思维、经验型的抽象思维、理论型的抽象思维、辩证思维、创新思维的路子一步一步地发展起来的。对不同年龄段的学生应该有不同的要求。高中学生在自我身心发展的基础上，通过学校教育以及社会影响和个人的主观努力，其思维能力得到突飞猛进的发展。

一、关于形象思维发展的教学目标设计

形象思维就是把各种感官所获得并储存于大脑中的客观事物形象的信息，形象地反映客观事物的内在本质或规律的思维活动。

（一）形象思维的特征

1. 形象性

形象性是形象思维最基本的特点。形象思维所反映的对象是事物的形象，思维形式是意象、直感、想象等形象性的观念，其表达的工具和手段是能为感官所感知的图形、图像、图式和形象性的符号。形象思维的形象性使它具有生动性、直观性和整体性的优点。

2. 非逻辑性

形象思维不像抽象（逻辑）思维那样，对信息的加工一步一步、首尾相接地、线性地进行，而是可以调用许多形象性材料，整合在一起形成新的形象，或由一个形象跳跃到另一个形象。它对信息的加工过程不是系列地加工，而是平行地加工，是平面性的或立体性的。它可以使思维主体迅速从整体上把握住形象思维的问题。形象思维是或然性或似真性的思维，思维的结果有待于逻辑的证明或实践的检验。

3. 粗略性

形象思维对问题的反映是粗线条的反映，对问题的把握是大体上的把握，对问题的分析是定性的或半定量的。所以，形象思维通常用于问题的定性分析。抽象思维可以给出精确的数量关系，所以，在实际的思维活动中，往往需要将抽象思维与形象思维巧妙结合，协同使用。

4. 想象性

想象是思维主体运用已有的形象形成新形象的过程。形象思维并不满足于对已有形象的再现，它更致力于追求对已有形象的加工，而获得新形象产品的输出。所以，形象性使形象思维具有创造性的优点。这也说明了一个道理——富有创造力的人通常都具有极强的想象力。可以说，占据中学生思维空间的多半是形象思维，中学生学习生活的所有方面都渗透着形象思维。较之于小学生，中学生的形象思维更加丰富与成熟。

须知，无论是艺术创作或鉴赏以及科学上的发明创造都需要形象思维，我们说中学生的形象思维越来越丰富和成熟，就是因为他们在中学阶段所学的知识和储存的表象越来越丰富，想象区和右脑的开发也越来越深入。

（二）形象思维的表现形式

1. 知识的积累越来越丰富

形象思维丰富的关键是想象力的丰富，想象的基础就是感知的广泛性、经验的丰富性、知识的渊博性。书本知识和生活知识越丰富，想象力就越广阔深远。没有知识的储备，想象就成了无源之水、无本之木。如果学生知识积累贫乏，思维就会狭窄，思考问题就会陷入死胡同，即使是巧妇也难为无米之炊。较之于小学生，中学生学习的科目越来越多、学习的内容越来越深、要求越来越高、课外阅读越来越丰富、接触生活的面也越来越广泛。高中阶段，课外自读名著（5 部以上）及其他读物总量不少于 150 万字。若教师能按课标要求抓好阅读背诵，这些书本知识的储备就能为学生的想象插上腾飞的翅膀。

2. 储存的表象越来越丰富

形象思维借助于想象，想象又是以表象为其基本材料。表象是指过去观察过、感知过的事物不在面前，而在头脑中重新唤起的形象。想象是一种观念形态上再造或创造出现实的表象和形象的心理能力。人在外界事物的刺激下，脑子里早已储存起来的表象便浮现出来，这种表象经大脑改造和加工，就产生出新的形象，这个心理活动过程也就是想象的过程。可见，表象越丰富，想象也就越丰富，形象思维也就越丰富。高中阶段，较之小学和初中，课程资源更加丰富。教科书、教学挂图、工具书、其他图书、报刊，电影、电视、网络，报告会、演讲会、辩论会、研讨会、戏剧表演，图书馆、博物馆、纪念馆，布告栏、报廊、各种标牌广告等，还有自然风光、文物古迹、风俗民情、国内外的重要事件，学生的家庭生活以及日常生活话题等也可以成为教学资源。如果我们的教师能按课程标准的要求来抓表象的储存，学生从小学到中学的视野就会越来越开阔、获取表象的渠道就会越来越丰富，对表象进行思考、加工、表达的方式也就会越来越复杂，这就为形象思维中的想象积累了极其丰富的表象。

3. 思想情感越来越丰富

情感是想象的动力源。人们把社会需要引起的情感称为高级情感，它在人的情感生活中起主导作用，这就是道德感、理智感和审美感。随着学校教育、社会影响和家庭影响的不断深入，中学生在对祖国、人民、社会、集体、家庭和对待自己的思想、意图、态度、行为是否符合社会道德标准方面的情感体验越来越深，逐渐产生了爱国主义、国际主义情感、责任感、集体感、义务感、正义感、同情心、羞耻感、友谊，这些都属于道德层面，这些是根据社会道德行为准则评价别人或自己的言行产生的情感。中学生的理智情感也有更大的发展。所谓理智情感，是指人的认识和探求真理的需要是否得到满足而产生的情感，它与智力活动伴随而出现。为探求真理而产生的怀疑、惊讶，为创造成功而产生的喜悦、兴奋，为问题未能得到解决而产生的忧虑、焦急，对真理的维护和热爱，对偏见和谬论的鄙视，这些同认识活动、求知欲有联系的情感叫理智感。中学生的审美感也得到更快的发展。所谓审美感是指凝聚在审美形象中的作家或读者的主体态度（好恶、喜怒、肯定与否定、欢乐与痛苦等），审美感往往是一种超越个人利害得失而具有人类普遍性的情感。中学生阅读的文学作品也越来越多、内容越来越深、要求也越来越高，对于审美情感的投入也越来越大。仅以课标的要求而论，高中阶段对中外文学作品的阅读则要求具有鉴赏的态度，要注重审美体验，陶冶性情，涵养心灵。能感受形象，品味语言，领悟作品的丰富内涵，体会其艺术表现力，有自己的情感体验和思考，努力探索作品中蕴含的民族心理和时代精神，了解人类丰富的社会生活和情感世界。如果我们的语文教学能很好地渗透情感、态度、价值观维度，按照课标的要求施教，那么，学生的道德感、理智感、审美感一定会得到很好的培养，其想象能力、形象思维能力都会得到大的发展。

4. 想象区和右脑得到更好的开发

心理学认为，人的大脑有四个功能部位：感受区、储存区、判断区、想象区。人们往往只使用前三个区域，动用想象区的概率仅有15％左右。艺术家与科学家的想象区经常处于兴奋状态，所以他们的想象能力比一般人强。美国学者麦伊尔斯（R. Myers）和斯佩里（R. W. Sperry）提出的"双势理论"告诉我们，大脑两半球各有优势，左右半球之间的功能差异表现在二者神经活动方式的不同，左半球主要是记忆、言语、逻辑推理、计算、排列、分类、书写、分析、判断和求同思维等智力活动的控制中心，侧重于抽象思维；右半脑是视知觉、空间关系、音乐、节奏、舞蹈、身体协调、直觉、综合、态度、情感、直观想象操作和求异思维等神经心理功能的控制中心，侧重于形象思维，与创造力有关。右半脑思维是创造性的基础。根据以上研究可知，形象思维能力，特别是想象能力的发展，得力于想象区和右脑的开发。学生进入中学阶段，开发想象区及右脑的途径和方式更加丰富和复杂。以语文学习而论，中学生在开发想象区、开发右脑方面的概率要大得多。高中阶段的学生更加注重个性化阅读。语文课程标准也要求学生"充分调动自己的生活经验和知识积累，在主动积极的情感活动中，获得独特的感受和体验，发展想象力"。为了开发学生的想象区、开发右脑，在语文阅读教学中，教师不要用自己的讲授来代替学生的感受，应该引导他们思维发散、独特感悟、多元解读。许多高中学生已经能够通过想象写出情节复杂、意蕴深厚的科幻小品。

以上是从学习活动中谈对想象区和右脑的开发。为了调动右脑功能，人们在实践中已经摸索了许多行之有效的方法。如身体单侧体操的训练，多活动左半身，用左手训练写作操作。最好用左手多做点灵巧的事，以调动支配右脑，刺激右脑的兴奋，比如左手握筷、左手触物、左脚踩球等。在中学教育中，应该开展丰富多彩的课外活动，特别是音体美活动和科技小发明小创造活动、智力竞赛活动等，这些都可以开发大脑的右半球，发展想象力。

当然，在重视开发右脑的同时，也要同样注重对左脑的开发。有人把左脑比作"聚光灯"，可以把思维指向某一定点；把右脑比作"泛光灯"，它是弥漫的、多指向的。两"灯"配合，才能发现、发明和创造。

二、关于抽象思维发展的教学目标设计

以抽象思维最基本的形式——概念的发展而论，概念是用语词来表达的，掌握概念就是掌握语词的形声义。作为思维形式之一的概念的丰富，就为判断、推理等思维形式的发展奠定了坚实的基础。全国青少年心理研究协作组对中学生抽象思维能力进行抽样测试，初一学生得分为 55.5 分，高二学生在解答同一套试题时，得分接近 75 分。可见抽象思维在初一学生中已经具有一定的水平，到了高中阶段趋于基本成熟。[①] 义务教育课程标准针对中学生抽象思维日趋成熟的特点，在发展初中生抽象思维能力方面已经有了明确要求。在口语交际方面，要求讨论问题，能积极发表自己的看法，有中心、有根据、有条理。能听出讨论的焦点，并能有针对性地发表意见。在高中语文课程目标中要求"养成独立思考、质疑探究的习惯，增强思维的严密性、深刻性和批判性。乐于进行交流和思想碰撞""培养探究意识和发现问题的敏感性。对未知世界始终怀有强烈的兴趣和激情，敢于探异求新……追求思维的创新……""学习科学的思想方法发现问题、分

---

① 张广斌. 中学生创造性思维发展特点及其影响因素研究[D]. 山东师范大学，2004.

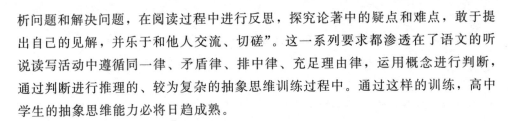

析问题和解决问题，在阅读过程中进行反思，探究论著中的疑点和难点，敢于提出自己的见解，并乐于和他人交流、切磋"。这一系列要求都渗透在了语文的听说读写活动中遵循同一律、矛盾律、排中律、充足理由律，运用概念进行判断，通过判断进行推理的、较为复杂的抽象思维训练过程中。通过这样的训练，高中学生的抽象思维能力必将日趋成熟。

三、关于辩证思维发展的教学目标设计

抽象思维发展到高级阶段就成了辩证思维。高中学生的辩证思维能力是在抽象思维基础上逐步形成和发展起来的。高中阶段，学生的辩证思维仅仅是由萌芽状态逐步发展至初级阶段。抽象思维与辩证思维的发展是相辅相成的。抽象思维的发展为辩证思维的发展奠定基础，辩证思维的发展反过来又促进抽象思维的发展。因此，在中学阶段，应着重训练抽象思维能力，也要适当培养其辩证思维能力。这在高中阶段更有必要。因为高中阶段，对学生听说读写的要求更高、更复杂。如前所言，在高中课程目标中就要求养成独立思考、质疑探究的习惯，增强思维的严密性、深刻性和批判性。特别是对议论文的阅读和写作的要求更要体现这一特点，这有利于训练学生的辩证思维能力。包括高考在内，一些作文命题就在考查学生的辩证思维能力方面做出了很好的导向。

辩证思维要求要注意矛盾的两面性，坚持用一分为二的观点看问题。学生易走极端，只见树木不见森林，一叶障目，不见泰山。如作文话题为"答案是丰富多彩的"，话题中的"答案"是由于标准和角度的不同而产生的合理的正确答案。我们允许答案的差异并存，但并存的差异必须是合理的、科学的，观点不能片面、偏激。议论文是高中作文的主干体裁，写不好议论文的重要原因还在于辩证思维能力差。即使文采很好，但认识水平差，写出来的文章也只有华丽的外表。因此，议论文写作教学除抓好一般技法训练外，最关键的是要重视培养学生的辩证思维能力，提高学生的思想认识水平。

近年来，一些高考作文命题也在这方面做出了导向。即首先要把现象聚焦在矛盾上，使之转化为命题，命题既要能体现矛盾的双方在一定条件下朝着相反的方向转化，又不能为解决矛盾做出暗示，用命题人的思想观点去框定考生的思想，为考生的思想戴上紧箍。至于该怎样处理这些矛盾关系，命题人并未把自己的思想强加给考生，而是将"两难"交给考生，让他们自己去思考、去取舍。这就是高考作文命题在测试考生辩证思维能力方面的导向。高中阶段，像这样来抓学生的训练，其辩证思维能力定能得到较好的发展。

四、关于创新思维发展的教学目标设计

思维与问题总是结下不解之缘，创新思维就是提出新问题、解决新问题、开拓人类认识新领域的思维。针对中学生创新思维开始萌发，并在中学学习阶段正在逐步发展的特点，语文课程标准为创新思维的产生与发展提出了明确要求。义务教育语文课程标准基本理念之三指出："积极提倡自主合作、探究的学习方式。"其着眼点就在于提高学生的语文素养，培养学生主动探究、团结合作、勇于创新的精神。课程总体目标与内容之五也指出："能主动进行探究性学习，激发想象力和创造潜能……"课标教学建议之四要求"重视培养学生的创新精神和实践能力"，特别强调"尤其要注重激发学生的好奇心、求知欲，发展学生的思维、培养想象力，开发创造潜能，提高学生发现、分析和解决问题的能力，提高语文综合应用能力"。高中语文课程标准课程目标之五指出："对未知世界始终怀有强烈的兴趣和激情，敢于探异求新，走进新的学习领域，尝试新的方法，追求思维的创新、表达的创新。"在语文教学中如果能按这些要求来开展听说读写以及语文综合性学习实践活动，学生的创新思维能力就能得到很好的发展。目前，许多教师在语文教学中，排除创新障碍、营造创新氛围、培养创新意识、激活创新思维，在开展创新阅读、写作、口语交际和开展语文创新活动方面做出了大量的尝试和探索，取得了宝贵的经验。中高考试题在测试考生创新思维能力方面也做出了良好的导向，比如高考阅读鉴赏方面的探究性题型，就具有多元解读的开放特点，其答案不求唯一，只要言之成理。在高考作文评分标准中，"有创新"被明确地纳入发展等级中，要想写得一篇优秀的文章，在高考作文中脱颖而出，除了靠基础、靠磨炼、靠功底、靠修养之外，作文是否见解新颖，材料新鲜，构思新巧，推理想象有独到之处，有个性色彩，将会起到关键的作用。这些试题在促进语文教学，培养学生创新思维能力方面起到很好的导向作用。从高考、中考阅卷中不难发现，目前中学生的创新思维能力已经得到不同程度的发展。

需要指出的是，创新思维的发展是以一定的知识与技能为基础的。所谓创新，就是作为主体的人综合各方面的知识信息，形成一定的目标，进而控制或调节作为研究对象的客体，产生出从未有过的有社会或个人价值的产品的活动过程。可见，离开知识信息作为基础，创新思维就成了无源之水、无本之木。要发展学生的思维能力，特别是创新思维能力，就必须狠抓基础知识的教学与基本技能的训练。

第三章
高中语文思维课堂教学的基本策略

思维能力是语文能力的重要组成部分，中国传统的语文学习历来强调"思"的重要性，现代社会对人才素质的衡量，也越来越看重思维能力。但是，在以往的教学实际中，与对知识掌握和人文素养培养的重视相比，教师对学生思维能力的训练却显得相对薄弱。

第一节　高中语文思维课堂的学理阐释

一、思维与思想

"思想"与"思维"，虽一字之差，但内涵差异却大。思想，在汉语中虽可作动词，用"思"和"想"分而释其义，表达"思考""思索"等意，但多数语境下用的是其名词意义，指客观存在在人的认识中，经过思维活动加工而产生的结果。

在汉语中，"思维"主要与"思考""思索"同义或近义。"维"在《说文解字》里释为"车盖维也"，即系车盖的绳索。在《辞海》中有如下义项：①系物的大绳。出自《楚辞·天问》中的"斡维焉系？"亦比喻一切事物赖以固定的东西。词语"纲维""四维"用的就是这一意义。②联结，系。如："维舟""维絷"。③通"惟"，考虑；计度。《史记·秦楚之际月表》中有"维万世之安"的表述。

思维所指有两点值得关注：一是表达用连接物来建立框架、维系整体以及维度、角度之意；二是前述的动词意义，一般指人接收信息、存储信息、加工信息以及输出信息的活动过程，是概括反映客观现实的过程。

略探两词语义便可以看出，思维表达的是过程、途径、手段、方式、方法，它是动态的、具体的和生动的；思想则表达的是结果、结论、成效、收益、回馈，它是静态的、凝固的和固化的。

区分思想与思维的教育教学意义在于：实现从思想结论传输式的僵化传统模式转向思维过程还原的动态生成模式，即由传统僵硬的知识教学转向素质教育，进而实现教育教学革命性的根本变革——由"知识就是力量"转向"思维才是力量"。

二、想象与思辨

思维这一概念有大与小、广义与狭义之分。所谓大思维，即广义思维，指人面对对象世界引发的思考活动，包括形象思维和抽象思维两大形式。而所谓小思维，即狭义思维，也就是理性思辨。长期以来，思维概念的使用很混乱，我们在后一意义上使用思维这一概念，使之与联想、想象、直觉等形象思维形式相对比，二者复（融）合而成为广义的大思维概念。

观察人的生活，现实的人其实更多生活在"别处"，而较少时间活在真正的"当下"。这个"别处"包括过去的世界、将来的世界以及"别的"诸多不属于当下（现实）的世界。例如，孩童对于成人世界等未知世界的向往，青年人对于事业前景的拟想，老年人对于自己往昔的温暖记忆。没有这种向往、拟想和记忆，人的生活便黯然失色，没有光亮。

同样，一个国家对于本民族的发展蓝图和愿景的绘就，其实就是要激发国民展开对未来的想象，进而引导自己的国家奔往辉煌的愿景和理想。人类"上天入地"，对宇宙、海洋等宏观世界和中微粒子等微观世界的探索，无一不是其想象力天性的展现。而个体确立人生理想、职业生涯规划，究其实质都是实现人们畅想未来、预测明天并以之激励自身的举动。

而我们的教育对象——孩子们之所以对网络、游戏等虚拟世界如痴如醉，是因为在一定程度上，虚拟世界满足了他们"生活在别处"的欲求，亦即正好满足了天赋——想象力的需要；而我们常常见到的孩子学业成绩不佳、学习状态不好等问题，相当程度上不是因为其基础、智力有问题，而恰恰因为他们动力不够，兴趣不浓。说到底，是对学业前景、学习目标以至人生归宿缺乏想象力。

可以说，想象力无处不在。没有想象力就没有人生。人是理性的动物。人的理性体现在思维上：一是其逻辑思辨力；二是其哲理思辨力。前者属于"工具理性"，换句话说，它保证了人的思维路向正确、缜密以及人与人之间的交流顺畅。后者属于"价值理性"，可以满足人对人生意义与价值的追问，保证人之为人，给活着一个理由。

想象力和思辨力从属于人的智力系统，是思维的两大"主脉"，二者既相融相洽，又相克相生。两者一感性（非理性），一理性；一抽象，一具体。其背后对应非智力系统的情感和理智，复合生长而形成情感与理智健全、和谐发展的人格。

大致来说，以孔子"诗教"传统为起点，开始想象力的自发性开发，时断时续，大体得到延续，而思辨力的开发与关注，虽有墨子的"三表""七式"发端，但之后却乏善可陈。西方人早就认定想象力是人类的基本属性。亚里士多德说："要不断地通过使我们的思想从已存在的一点出发，或从与已知条件的相似点、相近点、相反点出发，来不断寻求系列的设想。"他早早地梳理出了想象和联想的基本模式，至今被人们引用。

大家容易认同的是，进行文学教育必然要培养学生的想象力。因为想象是文学的生命，想象既是文学的手段也是其目的。但我们往往忽略了思辨在文学教育中的重要性。事实上，思辨在文学中通常是与想象融合在一起的：一是为想象勾勒轨迹；二是以哲思的形式参与想象，深置于形象的内里。

由于想象通常由人的情感驱动，而思辨则由人的意志或理性驱动，二者相辅相成、互联（生）互动，共同构成人的心理人格，如果它们协调发展，便形成良好的个性、健全和完善的自我人格，以及创造性人格。"想象"与"思辨"融合的教育具有切合人性的本质意义，值得高度重视。

三、以思维训练为中介的语文教育

回望过去，语文学科曾经把语（法）、修（辞）、逻（辑）、文（学）和字、词、句、篇等系统语文知识作为学科追求目标，号称语文的"八字宪法"；其后，针对实际情况，增加了能力训练，合称"双基"，于是基本知识和基本能力的掌握成为语文的学科基本教学目标，其实际影响是"学生在学校受益最多的是知识，能力次之，至于思维、情感、责任心等明显欠缺，甚至缺失"。进入21世纪，"三维目标"成为学科热词，表明我们的教育观念由关注语文知识、语文技术、文本特点向学生、学情转移，向教育的本原和本体转移和回归。随着语文四大核心素养的正式提出，语文学科本位观念真正被学生本位替代，语文教育眼中真正有"人"了。这不仅是语文学科走过的符合其内在逻辑的历史轨迹，更是语文学科观念取得的划时代的历史性突破。

语文的四大核心素养中，语言、思维、审美、文化四者的地位并不是平等分列的。语言无疑是语文学科最基础的要素，换句话说，它是语文学科所独有的、标志其学科身份的要素；而思维、审美、文化三者渗透在语言建构和运用中发挥作用。其中，思维较之于语言、审美、文化，又有其独特的角色地位和功能定位，即作为"中介"的它，具备自身独特而关键的力量。

（一）思维是思想、情感和语言、言语的桥梁

语言既是思想的直接现实，又是思维的物质外壳，它是思想的物化成果的存在形态，同时这一物化成果（或物质外壳）又是经由思维过程、思维操作获得的，故思维是介于思想、情感和语言、言语中间的桥梁。语文教育中，要把揣摩、品味、选择、打磨语言作为第一要务，围绕这一任务，语文教师可以设计多种多样的言语活动，可以是诵读、品读、对话交流、辩论表演等，换句话说，真正有语

文味的语文课，一定是基于语用学理论基础的言语活动课。

进一步来讲，真正高质量的语文课必然是有一定思维含量的思维教育课。教学目标的设定、教学程序的设计、教学活动的展开、教学效果的测评都必须将"思维训练"作为一根贯穿始终的红线。例如，文学鉴赏和创作课，就是要以培养联想与想象、直觉和悟性为主要任务，目标在于提升学生的思维灵活性、敏捷性以及独创性；论述文阅读和写作课，则要以培养逻辑理性能力、批判性思维能力、哲理思辨能力为主要任务，目标在于提升学生思维的深刻性和批判性；其他各类文体的阅读和写作课，虽然具体教学目标各异，但都要以培养学生的形象思维能力、抽象思维能力、辩证思维能力和直觉(感)悟性思维等为基本教学价值取向来做设计和落实操作。大量教学实践证明，有思维含量的语文思维教育课，既能赢得考试、满足学生的升学需求，同时又是名副其实的育人课堂，即满足学生成人的课，这样"双赢"或"多赢"的语文课，才是真正好的语文课。因此，好的语文课是以"思维训练"为主线的课程。

观察实际语文教学活动，如果是平庸或糟糕的语文课，一般都是缺乏言语活动的。所谓知识传授课或所谓传授方法、技能讲解课，说到底，是因为缺乏课程内在思维含量。

(二)思维训练与关键能力

按照传统心理学观点，思维力与想象力、创造力、观察力、注意力和记忆力等并列，这里的思维力准确来讲，是指理性或抽象思维能力，通俗来说，是指思辨力。传统心理学所说的狭义思维力一方面作为智力系统构成要素的核心，贯穿和渗透在本系统内的其他五要素之中，而在美国学者多元智能理论的要素中，指出构成智力包括八种能力：语言智能、数学逻辑智能、空间智能、身体运动智能、音乐智能、人际智能、自我认知智能、自然认知智能。其中的"自我认知智能"即是指自我反思和自我批判的理性思维能力，渗透在各项要素中，一样举足轻重。

语文教育中的文学教育主要肩负的是"放得开"的任务，而"收得拢"的任务则主要靠逻辑理性思维训练、哲理(学)思辨训练来完成，后者是我们的弱项，需要进行及时而全面的"补课"。但需要注意的是，切莫再犯顾此失彼的错误，也就是说，我们需要在语文教育中强化后者，同时要双管齐下——既要训练以联想、想象力为核心的形象思维能力，又要训练以思辨力、批判性思维能力为核心的抽象思维能力，语文教育在这一点上有得天独厚的优势，只要我们努力去做，必将大有可为。

（三）思维训练与必备品格

逻辑作为思维里最重要的工具，不仅具有工具的理性价值，更具有价值理性意义。我们知道，遵循人类共同的逻辑法则，只有经过论证的思想、有理由的思想才是可信的，这是人类文化最基本的价值坐标。因此，逻辑不仅是知识和能力，是过程和方法，而且具有价值观的意义。逻辑思维不仅能够提高智商，而且能够提高情商。逻辑思维涵养是对真理和最高尚人格的追求。

语文思维训练对于中学生核心素养中的必备品格（主要指帮助学生形成正确的世界观、人生观、价值观，未来成为具有社会适应力和道德责任感的公民）的培养具有独到的作用。道理十分明显，作为人文学科，语文课文中的经典篇目，特别是中国传统文化经典文本，之所以堪称经典，除了因为它们是母语言语的典范外，更为重要的是，它是我们中华民族子子孙孙做人的范本，是中华民族的精神底色，这正是语文作为基础学科的根本之所在。从人格角度说，成体系的语文思维训练，可以造就健全的心理人格、道德人格与审美人格。

（四）思维训练与语文学科的联系

目前，高中各学科的教学过程都非常重视学生思维能力的培养，但在传统的高中语文教学中，一些教师往往只注重知识的传授，忽视了对学生语文思维能力的培养，这对学生的学习成长十分不利。新课改背景下，在高中语文课堂的实际教学过程中，教师应充分发挥自身的教育引导作用，积极落实新时期教育理念，"以人为本、因材施教"，在激发学生学习潜能的同时，不断拓展学生的思维，帮助学生逐渐形成良好的语文思维能力。

1. 高中语文教学的现状和成因

在高中语文课堂教学中，教师"讲"、学生"听"的现象十分普遍，传统的"灌输式"的教学方式，忽视了学生在高中语文学习中的主体地位，打击了学生学习的主观能动性，使学生完全处于被动状态，教学效率低下，与新课标的教学理念背道而驰。倘若学生对教学内容没有兴趣，就不能引起学生主动探索事物的积极性，那么教师的教学对这些学生来说不会起到任何作用。另外，学生对语文学科的重视程度不够。在进入高中阶段之后，一些学生由于各方面学科的压力，会出现这样一种错误想法——语文学科需要长期积累，现在不学也没关系，以后努力了也能赶得上学习进度。当这样的错误想法产生后，一些学生在课堂上听讲时，就会对教师所讲授的重点内容予以忽略。长此以往，语文学习就会"一步落后，步步落后"，所以思维训练势在必行。

2. 语文思维能力培养的策略

（1）激发学生学习语文的兴趣。兴趣是学生学习的主要驱动力，当他们有足够的学习兴趣与知识的好奇心时，就会积极投入到语文学科的学习中来，所以教师在实际教学过程中要注重激发学生的学习兴趣。教师在课堂教学中针对课本内容进行讲解的同时，要适当引入学生比较感兴趣的话题。学生对教师引入的话题感兴趣，其思维就会更加活跃，对于这个话题也会产生更加浓厚的兴趣，其参与话题讨论、课堂学习的程度会更深。这时，教师要引导学生在学习的过程中准确表达自己的思想。

（2）借助合作教学，活跃学生思维。高中语文教学不仅要让学生掌握教材知识点，而且要充分发挥学生的主观能动性，让他们主动投入到语文学习中。对此，教学策略的运用就显得尤为重要。合作教学模式的引入可以极大程度地激发学生探究问题的兴趣，让学生有更多的机会与他人分享自己的想法。不仅如此，在合作学习过程中，学生与学生之间的互动交流更多，其关系也会更加密切，有利于帮助学生养成合作精神，这对学生未来发展也是极其有利的。此外，合作教学突破了传统教学模式的限制，让学生有更多的时间和机会去思考问题，还可以借鉴他人的想法来完善自己的答案，这也丰富了学生的思维，拓展了学生的思路，让学生对于问题的解答有了更多的思考角度。

（3）创新教学方式。教学方式对于课堂教学效率和质量起着关键影响作用，在传统教学模式下，学生很少有主动思考、积极表达的机会，课堂完全由教师来掌控，难以取得良好的教学效果。因此，教师必须对教学方式做出有效改变，而一种具有创新意义的教学方式的恰当使用，将会突破传统教学模式的不足，进一步实现语文教学目标。在高中语文教学中，教师可以参考任务驱动教学法，通过为学生创设教学情境，有效呈现教学内容，促使学生在情境中更加投入地思考问题，培养其语文思维能力。

综上所述，在高中语文教学中，教师要注重培养学生的语文思维能力，根据学生身心发展规律，以丰富多彩的教学内容和生动活泼的教学形式，创设课堂教学情境，激发学生的学习兴趣，营造轻松愉快的学习氛围，提高课堂教学效率，让学生的语文思维能力得到有效提升。

第二节　高中语文思维课堂的实践维度

在新课改的背景下，高中语文思维课堂要注重教学的实效性，要求教师在课堂教学中更加注重学生的实际水平，根据学生的实际水平来调整教学内容，使学生能够更好地掌握语言的基本知识和运用能力。本节从课堂的实践维度出发，先介绍了高中语文思维课堂的教学要素与结构，之后从高中语文思维课堂实践的文体教学维度、学段教学维度、课型教学维度这三方面展开具体的分析。

一、高中语文思维课堂的教学要素与结构

区别于一般的传统课堂，高中语文思维课堂教学一般应包括以下要素与结构：①学情分析。包括一般规律与个性化学情，具体是：一是学段分析，包括学生生理、心理特点分析和课程标准关于学段能力要求的分析；二是学生已有知识积累分析和学生学习能力分析，甚至要在设计课时前了解学情。基于这些问题分析，确定解决课堂问题的思路。②教学内容的确定。基于学情分析与教材分析，确定课堂的教学内容。③学习目标的确定。主要包括语言目标、思维目标和价值目标。④教学重点和难点的确定。⑤课时安排的预测。依据教学目标及教学内容确定课时数。⑥教学过程设计。主要包括教学导入和学习活动的设计。在学习活动中要突出学与教的策略和设置认知冲突，每个教学活动都要求设计者给出"设计意图"，以突出设计感。⑦作业布置设计。⑧设计反思。既有对课堂教学实际优势的总结，也有对课堂教学不足的反思。⑨强调对课堂教学涉及的基本概念、主要训练能力的解释与文本解读。⑩鼓励课堂设计的创新性。

上述要素与结构凸显出如下特征：

(1)特别突出课前学情分析，宏观与微观分析结合，突出微观分析，强调针对学生的认知结构和水平开展精准教学，把有效教学建立在学生的"最近发展区"。

(2)在学习目标、内容、教学重难点的确定以及教学活动的设计中聚焦语言、思维和价值三者，突出思维教学，彰显思维课堂特色。

(3)在学情分析、作业布置和设计反思三个环节的贯通呼应中，突出"发展"型课堂特质。学情分析是摸清基底；作业布置用来检验课堂所学或提升状况；设计反思意在推动下一步课堂教学的改进和可持续、渐进发展与提升。

（4）强调对有关基本概念和能力的解释以及文本解读，这是为思维发展型课堂托底，使之"既上得了厅堂又下得了厨房"。

（5）在课时安排、活动设计中体现出一定弹性并鼓励有关创新，不仅紧扣"发展"二字，更是把课堂活动当作创造性活动，鼓励活动主体开展创造性活动，显示出思维发展型课堂的强大生命力。

二、高中语文思维课堂实践的文体教学维度

通常所谓记叙文、说明文、议论文和抒情文等文体分类是以语言表达方式为标准的，它的划分标准是语言；以思维为标准就没有这么复杂了，我们认为只需分为"思辨类或论述类"与"描述类或抒情类"即可，对于听说读写等语文活动操作训练均简单易行。

以"思辨类或论述类"与"描述类或抒情类"为文体的思维分类，正好对应思辨（力）与想象（力）。

在以议论文为代表的思辨类或论述类文本的听说读写中，我们着力训练学生的理性思辨能力，主要包括逻辑思维能力和哲理（学）思辨力，以概念为原点，着力于观念清晰、判断准确、推理合理，从低阶（识记、理解、应用）到高阶（批判性思维、系统思维、创造性思维），形成序列；在描述类或抒情类文章的听说读写中，我们着力训练学生的想象、联想能力，主要包括以意象或表象为核心，着力训练学生对意象的感知，对表象的积累，对象征、隐喻、类比的领悟等。当然，必须指出的是，思辨（力）与想象（力）虽二分但实际又是兼容的，换句话说，在训练学生的理性思辨能力时，要兼及对学生想象、联想能力的训练，在训练学生的想象、联想能力时，要兼顾理性思辨能力的训练。简单来说，在写作议论文"晓之以理"的同时要顾及读者的接受心理或情绪，即兼顾"动之以情"；在鉴赏诗歌等抒情作品时，也要注意做有关逻辑理性的思考训练。

思辨（力）与想象（力）二者既有区别又相互渗透，源于人性的情理二端，或曰人之共性——同情心与同理心，在运用的时候做好具体的分辨。

三、高中语文思维课堂实践的学段教学维度

张世英说，个体的精神发展经历了"人—世界合一""主体—客体二分""高级的天人合一"三个阶段，与此对应，其思维上的三个层次分别是"想象""思辨""想

象与思辨融合"。[①] 我们可通过以下方法开展思维教育。

（1）从学龄前儿童到小学、初中、高中等全部基础教育阶段，要按"由想象力到思辨力—先想象力后思辨力—想象与思辨融合"的基本原则来设计思维教育课程。具体来讲，就是学段越低越要以开发想象力、联想力为主，学段越高越要以开发思辨力为主，学龄前儿童到小学、初中的低年级在开发想象力、联想力时，要渗入记忆、理解、应用、概括、分类等低阶思维能力训练，高中特别是高二以后的高学段则要进一步渗入分析、综合、评价、判断、推理等高阶思维能力训练。

（2）各个学段的语文阅读课特别是文学阅读课，要按"感受感知—品读品味—探究思考"的基本逻辑线推进课文或课堂教学。这个技术路线简化一下，就是先通过联想、想象，先感性进入再理性思辨，二者之间虽然相互渗透，但前者是后者的基础和依托，后者是前者的深化与提升，顺序不可颠倒。

（3）各个学段的语文写作课，总体上按"从说话到写作、从描述记叙到议论论证"的顺序安排。从思维训练角度看，与阅读教学相一致，"想象"与"思辨"虽各有侧重，但总体呈互渗状态；进入高中特别是高二之后，重点在"思"的训练，即开始"理性思辨"议论文的写作。

四、高中语文思维课堂实践的课型教学维度

所谓的课型，主要指思维学科融合课和直接思维训练专题课。

前者是高中语文思维课堂的主要课型，本书主要呈现的就是这一类课型，它们虽教学对象有差，题材各异，教学内容不同，但在前期学情分析、教学目标设定、教学活动设计、教学反思等整个课堂结构中，无不包含着对学生认知水准的把握、认知冲突的设计、思维工具的运用、思维能力的提升等内容，一句话，"思维训练"的红线贯穿始终。

后者指直接把"思维训练"的系列训练点作为课堂教学主题，选择相应教学资源和素材，设计相关任务展开训练。比如以"概括"和"联想与想象"为教学主题开展课堂教学，就分别属于训练逻辑思维技能和形象思维技能的思维教育专题课。

高中语文思维课堂既要以思维教学学科融合课为主阵地，也要适当穿插直接思维训练专题课。二者的结合点以及成序列设计值得进一步研究。

---

① 张世英."天人合一"与"主客二分"的结合——论精神发展的阶段[J]. 学术月刊，1993(04)：1-8.

第三节　高中语文思维课堂的实施路径

在当今的教育环境中，社会对于思维型人才的需求逐年递增，使得培养学生创新意识成了高中教师的重要教育目标。在高中语文教学活动中，教师应高度重视学生的深入学习，并根据学生的实际情况进行有效的教学引导，切实落实思维教育，使学生在所学语言知识的基础上，对知识有更深入的理解，不断培养自己的知识运用能力，还能有效提高思维能力和实践能力，保证了高中语文课程的教学质量。

一、高中语文思维课堂遵循的特征

（1）活动化。主要指思维活动化，即在高中语文思维课堂中的教学活动一定是思维技能训练的活动，否则就不是真正的高中语文思维课堂。

（2）结构化。一是高中语文思维课堂的各教学环节，从最初学情分析到教学反思、核心概念能力分析、文本解读等十个环节必须完备；二是各个环节特别是主要教学环节间必须体现出严密的、不可或缺的或不可互换的逻辑性。

（3）情境化。高中语文思维课堂必须以学生真实生活体验为基础，设置真实问题情境和认知冲突，并以使学生的人格修养提升与"三观"培育为根本宗旨。

（4）可视化，即思维可视化。高中语文思维课堂强调在教学设计中，通过使用思维导图、概念图等思维可视化工具，让思维显性化，以实现思维方式在师生之间、生生之间的有效传递和进阶发展。

（5）艺术化。语文学科是人文学科，以文学作品为主要教学素材，因此语文教育一定意义上就是文学艺术教育。笼统来讲，高中语文思维课堂要以审美教育为特色。基于此，它应该与诸如绘画、音乐、舞蹈、建筑等艺术形式相结合来开展教学活动，而联结它们的桥梁便是想象力与联想力。

（6）游戏化。游戏不是儿童的专利，也是成人的钟爱，换句话说，游戏是人的天性。作为人文学科的高中语文思维课堂要兼容游戏化，开展有趣且有意义的教学游戏活动是我们努力的方向。

二、高中语文思维课堂创新的方式

（1）诗与思的融合。诗，表征以想象力为代表的形象思维能力；思，表征以思辨力为代表的理性思维能力。二者融合是思维训练的主脉，也是创造性思维生成的双轨或路径。对二者融合生长的训练，值得我们进一步探索。

(2)科学思维与人文思维的融合。以概念为起点的科学思维，以"概念—判断—推理"为基本形式，旨在求同，特征是严谨缜密，为西方人所擅长；以表象或意象为起点的人文思维，以"隐喻""象征""类比"为基本形式，旨在求异，特色是快捷灵活，为中国人所擅长。二者结合功莫大焉，值得探究。

(3)国家颁布的《义务教育语文课程标准(2022年版)》，使思维教育成为语文教育共识，高中语文思维课堂理据充分，在实际课堂教学中对于学生创造性思维能力的形成、创造性人格的塑造，对于培养具有民族品格、全面发展的人等影响深远，可谓利在当下，惠泽久远。

三、高中语文思维课堂的教学实施

2020年颁发的《普通高中语文课程标准(2017年版2020年修订)》中明确指出，高中语文学科应进一步提升学生的语文素养，使学生具有较强的语文运用能力和一定水平的语文审美能力、探究能力，为终身学习和个体的发展打下基础。高中学生逐渐走向成年，思维逐步成熟，这时候发展他们的探究能力应成为我们高中教学的重中之重。除了继续提高学生洞察、领悟、剖析、辨别能力外，我们应特别重视学生思考问题的深度和广度，增加学生的探究兴趣，变被动地接受为主动地探求。

(一)以问题链研究推进思维课堂

语文核心素养目标中的思维发展与提升目标里也提出，让学生在梳理与探究活动中丰富自己对现实生活和文学形象的感受与理解，探究活动的有序开展，探究能力的着重培养，都是以教师设计好课堂问题为基础的，这种教学方法，也被叫作"问题链教学法"。问题链是在语文教学的过程中，教师根据教学目标并预设学生在学习知识中的疑惑，组建的有逻辑性而又首尾相应的课堂问题设计，是教师指导学生进行建构、潜移能力、拓展思维的有力途径。从目标上看，它步步深入，由此及彼。

1. 问题链教学的类型

关于问题链的类型，主要分为以下6种。

(1)探讨性。问题链是教师为了培养学生的创新能力和自主探究能力设计的富有思辨性的一系列问题。

（2）迁徙性。问题链是老师为了学生可以把以往学习的课程知识改变后，作用于新的情境进而设计的问题，迁徙性的问题可以纵向或者横向孕育其他问题的解决方案。

（3）留白性。问题链是教师在设计问题时，要为学生留有充足的自主发挥空间。

（4）差别性。问题链是指相似的同一类问题，其探究结果却出乎意料，与学生之前掌握的认知相悖，引起学生认知冲突的一类问题。

（5）归纳性。问题链是老师在进行小结教学和课堂教学时为了促使学生回忆起来知识，且形成系统的知识网而设计的。目的是将零碎、分散、孤立的知识点，互相结合组成一个完整的知识网，培养学生整理、归纳知识的能力。

（6）递进式。问题链是老师根据事物之间必然的联系，充分利用正向或逆向的思维，逐步提出由浅入深的问题，增加学生对知识的深度理解。

2. 问题链设计策略

（1）构建递进式问题链

递进式问题链是问题链设计的一种重要模式，教师遵循由浅入深、由易到难，层层递进的教学原则，通过解决问题的方式提高学生处理问题的能力，进而提升学生的思维能力，让教学活动更富有挑战性，推动教学目标的最终实现。

以《拿来主义》为例，先从厘清文章思路、学习写作方法、揣摩词语含义入手确定学习目标。然后厘清本文的思路，先批判"闭关主义""送去主义""送来主义"，然后提出"拿来主义"，进而阐明"拿来主义"是如何批判地继承文化遗产，这也是本文的重点。最后明确本文最重要的论证方法是比喻论证，通过比喻论证正确理解"鱼翅""鸦片""烟枪""烟灯"等重点词语的含义，从而认识到"拿来主义"的魅力，最终促使学生熟练运用在以后的作文写作中。确定教学目标后，接下来进行我们的问题设计。首先按照解决问题的方式，我们在遇到一个问题时，必然要从三个方面入手：是什么，为什么，怎么样。所以这篇文章我们可以从这三个方面层层递进地设计问题，即拿来主义是什么，为什么作者提出拿来主义，拿来主义具体应该怎么做，以此来形成一个问题链条，其中具体怎么做是重点，清晰明白，层层递进。

本课问题链的设计遵循由浅入深、循序渐进的原则，问题呈阶梯状，既提高了学生解决问题的能力，又让学生认识到了比喻论证的魅力，既有助于写作水平的提高，又顺利地完成了教学目标，因此，递进式问题链的设计功不可没。

（2）以情景的转换来设置问题链

写景散文大都有若干特定的情景、画面或事物，散文的题目本身就常常是在强调一个特定的意象，这些情景、画面、事物大都是作为行文线索或中心场景在散文的文本建构中起着重要的作用，散文的立意也是通过这些意象来透示的，写景散文非常注重追求意境，通过情、景、想象空间的交融，实现虚实相生的形象体系，给人以美的享受。所以可以通过抓住这些情景来设置问题，完成教学目标。

如《荷塘月色》是朱自清先生最具代表性的一篇写景抒情散文，文本中，朱自清先生运用娴熟细腻的描写，把自己淡淡的愁绪融进了荷塘月色的景致之中，阅之动容，为之陶醉，心随文动。它是一篇典范的，又独具特色的写景抒情散文，是中国现代散文的精品。本节课景物描写主要集中在第4—6自然段，主要描绘了三个意境——月色下的荷塘、荷塘上的月色、荷塘四面，抓住这三个意境，引导学生去品味美，以此为切入点，进入课文赏析。首先进入第一个情景：观月下荷塘即鉴赏课文第4自然段，可以设计这样的问题：本段从哪几个方面来写月下荷塘？找出文中描绘这样景色的语句，展开想象，阅读并品味它的妙处。

学生很容易找出写了荷叶、荷花、荷香、荷波、荷韵五个方面。然后分别去分析这几个方面，通过设置子问题来赏析这些景物。

比如赏析荷叶可以这样提问：描写荷叶的是哪些句子，从荷叶的哪些方面来写的，运用了什么修辞手法，描绘了它的什么形态，这样写有什么好处，描写荷叶的是"弥望的是田田的叶子"，用"田田"写出了叶子的茂盛；"叶子出水很高，像亭亭的舞女的裙。"比喻手法写出荷叶的风姿，由"出水很高"联想到"亭亭的舞女的裙"，两者不仅相似，而且写出其动态美。

用同样的方法来赏析荷花：描写荷花的句子是"层层的叶子中间，……又如刚出浴的美人。"运用拟人、比喻的手法。"袅娜"写出荷花的饱满盛开状，"羞涩"写荷花含苞待放。这两个词本是用来描写女子娇美姿态、羞涩神情的，现在用来写荷花，赋予物以生命力和感情。这是拟人写法。接着连用三个比喻，分别描绘了淡月辉映下荷花晶莹剔透的闪光，绿叶衬托下荷花忽明忽暗的闪光，以及荷花不染纤尘的美质。写出了荷花的神韵，倾注了作者的主观感情，可以激发读者的想象。

同样，荷香也是这样赏析：这里我们还要突出一种手法——通感。"微风过处，送来缕缕清香，仿佛远处高楼上渺茫的歌声似的。"由嗅觉向听觉转移。这就是通感，"缕缕清香"与"渺茫的歌声"在许多方面有相似之处，如时断时续、若有若无、轻淡缥缈、沁人心脾等，其间感觉的转移伴随着想象的跳跃。"清香"与

"歌声"同属美好的事物，把"清香"比喻成远处的"歌声"，烘托出几分幽雅和宁静。

接着进入第二个情景：赏塘上月色也就是课文的第5自然段，为了设置丰富多样的教学活动，这一个情景的鉴赏应该和第一个有所区别，第一个通过师生共同探究完成，第二个让学生自主探究，我们可以这样来设置问题：找出描写"塘上月色"的语句，并尝试分析它的妙处。月色本是难状之景，作者用了哪些传神的动词来描绘可感的月光形象呢？（生生合作探究）这样的问题既锻炼了学生的思维能力，又教授了同学们正确地鉴赏景物的方法。学生们很容易找出叶、花、树，写出了月色朦胧缥缈的特点。并且通过探讨找出这几个富有表现力的词：

泻——既照应了以流水喻月光，又写出了月辉照耀，一泻无余的景象，使月光有了动感。

浮——写深夜水汽由下而上轻轻升腾，慢慢扩散、弥漫，以动景写静景，描绘雾的轻飘状态。

洗——写"叶子和花"在月光映照下一种奶白色而又鲜艳欲滴的状态。

最后就是第三个情景——荷塘四周也就是鉴赏文本第6自然段，我们可以这样来设计问题：荷塘四周我们看到了什么。让学生独立思考，同学们各抒己见，很快找出本节重点在写树，从方位、距离、高低几个角度来写。

视线由荷塘内部扩展到荷塘四周。树多而密，重重围住荷塘，与前面的"幽僻"相照应，这是总写四周，接着写近处的树色、树姿，远处的树梢上的远山，又回过头写树缝里的灯光、树上的蝉鸣和水里的蛙声，层次分明，富有立体感。最后我们可以以这样一个问题总结：写荷塘四周的景色是不是有一个中心点？因为有了前面的探究，学生很容易总结出是树，以此向外发散，这也为以后学生的写作提供了借鉴，水到渠成，一举两得。

本问题链的设计是以三个情景为中心，设计问题，采取不同的探究方式，教授学生正确地鉴赏景物的方法，对学生进行有效的学法指导，第4自然段师生共同探究，第5自然段学生小组合作探究，教师做补充和总结，第6自然段学生自己独立思考完成探究问题，提高了学生探究问题的能力，相得益彰，兴味盎然。

（3）构建向心式的问题链

向心式的问题链是在确定教学目标的基础上找出一个中心点，通过这个中心可以向外发散，进而解决其他问题，最终完成教学目标。

以《子路、曾皙、冉有、公西华侍坐》为例，这篇文章是孔子思想的集大成者，集中体现了孔子思想中的"仁"与"礼"，所以我们的教学目标可以确定为从此文章里体会孔子的思想，因此，孔子问志就是文章重点。如何从他们的对话里体会出四人和孔子的思想是我们设计问题的目标，仔细观察，我们可以找到一个中心，由此阐发，向外发散，启迪思维，提高能力。这个中心出现在课文的一句话中，那就是"夫子哂之"这句话，这个"哂"字，含义丰富，意义隽永。开始老师可以设计这样一个问题：同学们，哂的意思是什么，是讥笑、笑话的意思吗？学生的兴趣一下子被激发了，积极思考，各抒己见，课堂一开始的问题至关重要，不仅要引出其他的问题，还要激发学生的兴趣，大部分同学回答"不是的"，因为孔子是有德之人，他鼓励学生回答问题，即使答错了也不会讥笑他们。这就引出了孔子思想中的"礼"，那么哂不是讥笑的意思，它是什么意思呢，有的学生说微笑，那么子路说了什么，孔子会微笑？老师来进行解答，子路说可使民有勇知方，进而分析出子路虽然鲁莽，但是也是为民着想，所以孔子不会讥笑他，这又体现了孔子思想中的"仁"。孔子以民为本。接着以哂字出发，我们可以设置这样的问题：孔子哂了子路，对其他人的态度又是怎样的呢？老师让学生们去探究其他三子的志向，从最后一段可以看出，孔子对冉有、公西华二人的志向也是赞同的，采用了默认的方式。因为冉有的志向是"可使足民"，即富民，体现了他的谦虚谨慎，公西华的志向是"愿为小相"，即教化人民，体现了他的谦逊有礼，孔子肯定他们的想法就又体现了孔子思想中的礼。最后我们可以设计这样的问题：谁的思想最符合孔子的思想呢？为什么？显然是曾皙，因为"吾与点也"，曾皙描绘了一幅暮春咏归图，面对老师的提问，曾皙不但不主动发言，反而在老师点名之后还不慌不忙地慢慢结束手中的弹奏，恭敬地站起来，回答老师的问题。这些体现了曾皙有条不紊、从容不迫的处世风格，体现了"礼"。那么这是一幅怎样的画面呢？让学生去描绘，曾点用形象的方法描绘了礼乐治下的景象，符合孔子的社会理想。孔子思想的核心是仁和礼，他晚年的最高理想就是天下大同：老有所终，壮有所用，幼有所长，矜寡、孤、独、废疾者皆有所养；男有分，女有归。路不拾遗，夜不闭户，大道之行也。本设计以哂字的含义为中心向外发散，由浅入深，每一个问题都最终指向孔子的该心思想，严谨而缜密，逐步形成一个问题链条，既完成了教学目标，又提高了学生解决问题的能力。

(4)依据重点意象来设置问题链

在语文各种类型的教学中诗歌的教学是重点也是难点，如何进行诗歌的教学，既能激发学生学习诗歌的兴趣，又能提高学生的诗歌鉴赏能力，是我们语文老师经常要思考的问题。实践证明，运用问题链进行诗歌教学，可以达到事半功倍的效果。诗歌最重要的是意象，我们可以以此来设计问题，进而形成一个问题链条。

下面以《声声慢》为例。《声声慢》是李清照的名篇，字里行间，凄风苦雨，孤寂冷清，充满了愁情，这所有的愁情又是通过意象来抒发的，诗中所选取的意象都是愁的象征，抓住这一点我们可以这样来设计问题链：李清照是如何将这种愁情传达出来的？

学生可进行小组讨论：词人借助哪些意象来传达愁情？找出相关句子并具体分析其中的意象。

本问题链以意象为中心，既激发了学生对诗歌的阅读兴趣，又提高了鉴赏诗歌的能力，大问题包含各个意象鉴赏的小问题，层层递进，提高了语文的课堂效率，提高了学生的鉴赏能力。

问题链现在越来越广泛地应用于语文的课堂教学中，实践证明，它适用于语文的各种课堂类型，激发学生探究兴趣，打造了思维的课堂，最终完成学习目标，把课堂还给了学生，逐步形成了"以教师为主导、学生为主体"的授课方式，所以我们还要进一部完善问题链教学法，让它更好地运用于高中语文课堂。

（二）以思维导图推进思维课堂的发展

在新课改的教学理念下，高中语文课堂由传统的应试教育转变为素质教育，思维导图教学理念由此应运而生。将思维导图的教学形式应用于高中语文课堂教学中，可以有效提高学生对课本文章内容的感知能力，在了解文章内容以及作者思想情感的基础上降低学生阅读难度。因此在思维导图的教学模式下，对高中语文的教学模式进行创新性探究，提出一定的教学策略和教学建议，可以有效改善高中语文课堂的教学情况，提高学生自主性学习能力，从而促进学生全面发展。

高中阶段的语文知识学习提倡教师培养学生思维，并促使其通过想象和联想的学习方式提高自身对语文知识点的思考能力，增强学生的学习体验，充分利用思维导图的辅助性学习作用，进行联想记忆和对比学习。但是在实际教学中，部分语文教师依旧选择采用传统的教学形式，对这一新型的教学模式表现得比较排斥，导致学生自身很难对这一学习方法进行实际性应用。因此，教师应对思维导图进行深入性的教学研究，并将其灵活地应用到教学当中去，通过创新教学模式，实现其特殊的课堂教育价值，以下我们就思维导图在高中语文教学模式中的创新运用予以分析。

1. 思维导图课前预习，提高学生对课文内容的整体感知

在语文学科教学中，有效的预习可以增强学生的课堂学习效率。思维导图教

学的放射性，可以促使学生在思维导图制作过程中对个人学习思路进行有效延伸，增强学生对文章内容理解的同时，提高学生对文章整体的把握和感知能力，从而有效提高学生对文章内容的预习效果。除此之外，还可以促使学生清晰地看到文章内容各部分之间的联系和内在关系，有利于帮助学生了解文章内容的写作形式，并在此基础上对作者的文章写作手法进行具体分析。学生对文章内容的整体性理解，可以起到一个良好的预习效果。虽然思维导图可以有效帮助学生进行预习，但是学生很有可能会因为对文章内容情感理解的片面性而存在错误分析，语文教师应根据班级学生的实际学习情况进行分析，及时给予学生正确的学习指导，拓展学生逻辑思维以及层次分析能力。

例如，在学习《念奴娇·赤壁怀古》一课之前，诗歌内容阅读简单，通过景物描写表达了诗人强烈的爱国主义情感。预习诗歌内容，分析文章情感，抓住诗歌内容关键点，并通过逻辑分析将诗歌内容各部分之间的关系用思维导图的形式标注出来。学生在预习过程中需要确定关键词，并将其放置于思维导图的中心位置，其次根据诗词结构进行段落划分。学生还可以在制作思维导图的过程中，以不同的颜色进行标注，使其他人能够根据思维导图的颜色进行快速分析和学习。在实际教学过程中可以发现，高中学生在语文知识的学习过程中具有较强的自我意识，教师应尊重学生的个性化以及创新化发展，为学生提供自我学习展示的机会和平台，例如将自身制作想法与同学进行分享，班级学生对思维导图制作进行内容补充，讲解内容填充的理由和自身看法，在讲解的过程中提高学生对诗歌内容的理解。通过这样的教学方式达到思维导图在语文文章内容预习阶段的教学目的。

2. 复习时思维导图绘制，系统性强化学生的记忆能力

语文学科学习一般需要学生通过背诵来记忆大量烦琐的知识内容，高中学生学习时间紧、任务重，在实际学习过程中难免感到畏难和吃力。尤其是在面对文言文内容时，学生思维受到限制，无法在有效思考中对文章内容进行巩固性学习。因此在对语文知识内容进行复习的过程中，思维导图教学可以起到很好的帮助作用，在激发学生学习自主性的基础上，促使其建立逻辑思维清楚、结构清晰的语文知识学习框架，可以在一定程度上帮助学生进行系统性学习和记忆，从逻辑思维的角度出发，增强语文知识点内容之间的串联性，从而增强学生记忆力。除此之外，用思维导图复习教学，可以锻炼学生对文章的分析总结能力，深入性学习建立完整的复习框架，从而帮助学生更好地对语文知识体系进行完善。

例如，在学习《阿房宫赋》一课之后，在组织学生进行复习时，其中包含了大

量的知识点以及琐碎的文言文内容，思维导图教学则可以将文言文重点内容通过一定的逻辑思维形式串联在一起，便于学生进行有效记忆和背诵，通过对文言文作者写作背景以及文言文语言的分析，设立思维导图。在导图中心位置放置作者文章的写作主题，根据文章不同的表达层次进行有效设计，以三段式的形式分析作者所表达的思想情感，分析文章内容中文言文字词的使用规律，促使学生能够自主性地对文章内容进行翻译，使其明白文章内容对学习的重要性、学习的态度以及学习的内容和方法的论述。在利用思维导图的形式进行复习的过程中，获得一定的复习体会，从文章内容本身的角度出发，对自身学习进行有效完善，增强学生对《阿房宫赋》这一文言文内容的复习效果。在利用思维导图进行复习的过程中，可以有效增强学生对语文知识的总结与归纳能力，在潜移默化中对学生产生正面的积极影响。

3. 写作思维导图绘制，有效帮助学生梳理写作的思路

在高中阶段，学生的语文课堂学习难度逐渐增加，写作一直都被大多数学生看作是学习的难点部分，在高考中所占分值比例较高，是教师课堂教学的重点内容之一。文章写作对学生来说是语文学习中最难的一个部分，很多学生在写作过程中经常会出现偏题或跑题的现象，文章内容逻辑思维不够清晰，表达不够清楚、缺乏新意，导致学生的文章写作内容可读性大大降低。思维导图制作可以帮助学生对文章内容以及作者所表达的思想情感进行深入分析，帮助在确定文章写作材料的同时突出文章内容所表达的中心思想，促使学生在明确写作主题拓展写作思路的同时，确保学生写作不偏题、不跑题，增强学生文章写作的逻辑性，增强学生写作训练效果。

例如，在学习《江南的冬景》一课时，通过对文章内容的学习，可以发现文章内容以故都为主体，重点对秋天的景色进行了描写，作者借景抒情，情感表达非常浓烈。在学习完成之后，教师可以为学生寻找到类似的写作内容，事先将写作注意事项以及写作内容通知到每一位学生。在思维导图写作教学中，促使学生自主性地确定写作目标，围绕写作目标明确文章中心，围绕文章中心向其他方向进行拓展。在景物描写的过程中，学生可以通过对景物外观的描绘来抒发内心情感，采用借景抒情的方式来增强文章表达效果。为了提高学生思维导图设计的完整性，教师可以以分组的形式来进行教学，小组成员之间可以对彼此的思维导图进行完善，小组学生之间互相评价，最后组织学生对自身写作思维导图设计进行反思和修改。通过这样的写作教学方式，可以促使学生对文章写作要求进行全面了解，在借鉴和修改思维导图的过程中，全面提高学生的写作质量，并对学生的

写作思路进行有效拓展，为学生后续的写作指明方向。

综上所述，将思维导图应用于高中语文课堂教学当中，促使学生在语文知识预习阶段、写作阶段以及复习阶段进行有效学习，引导学生对语文知识进行总结与归纳，建立各部分知识之间的联系，促进学生逻辑思维发展，这在一定程度上符合新时期的素质教育思想，对学生的语文课堂学习起到积极的促进性作用。除此之外，这一教学方式还可以对教师语文课堂教学模式进行一定的创新，增强学生的实际语文课堂学习感受，在转变学生学习思想的同时，最终达到提高学生语文学科的综合学习能力的教学目的。

（三）以学习单的运用推动思维课堂的发展

学习单作为一种学习工具，对学生学习方式的转变和课堂教学的变革带来了巨大的影响。借助学习单这一有效的教学载体，能够促进学生的自主学习、合作学习，能够引导学生进行探究学习，帮助学生进行知识的建构，促进学生思维能力的不断发展。那么，该如何有效地设计学习单，如何在课堂教学中运用学习单助推学生的学习呢？

1. 学习单的设计要求

（1）把握教材，指向目标

要明晰学情分析。学情分析是设计学习单的首要前提，是课堂教学的起跳板，也是提高课堂教学效益的重要保障。学习单的执行者是学生。因此，教师在目标设计前一定要充分了解学情，目标确定时必须以学生的发展为着眼点，充分考虑到学生的已有知识积累、生活积累和情感水平，关注学生的兴趣点、障碍点和发展点。

要了解教材定位。高质量学习单的诞生，是基于教者对教学内容的深度解读。倘若教者无法高屋建瓴地把握教材、理解教材，设计学习单便无从下手，即便设计出也无法用。设计学习单，一定要认真研究课程标准的总目标和阶段目标。学生完成学习任务，实际上是阶段目标的落实过程。因此，每一次的学习任务不应是笼统、模糊的，甚至是割裂、肢解的，它应是教学目标的分解与落实，应是系统而有层次的。设计学习单就必须准确定位教材的体系特点，努力提高自己解读文本和钻研教材的能力。教师可以从研读文本、广泛阅读、精心整合三个层面开始设计。

（2）规划流程，助推学习读教材

自主学习的路线图。学习单在某种程度上是学生开展学习活动的路线图，指示着学习的方向、路线，规划学生的学习流程。它不仅明确了学生学习的起点，而且对学习内容、学习方法、学习步骤、学习程度等都做了适度的安排和提示。学生合作完成学习单的过程，也是对文本解读的过程。学习单指导学生阅读教材，自主感悟；引导学生围绕问题，合作交流。它能将知识生成、能力提升和个性发展蕴含其中，真正实现了学生的学习方式、教师的教学方式和师生互动方式的变革。

合作探究的自助游。新课程强调要尊重差异、正视差异，针对不同学生的知识基础和个性特点，让他们自主选择确定适合自己的学习方式。不同的定位，让分层教学、因材施教成为必要，让每个学生都能得到相应的发展。另外，学习单让学生在自主学习的基础上，根据理解掌握的程度，确定自己在小组合作中的责任和义务。在小组讨论和汇报过程中，学生根据自己的兴趣和能力进行自主选择，从中获得发展。学生对文本的个性体验和独特感悟，需要与同伴进行交流和分享；理解过程中他们容易产生分歧，需要通过交流来达成共识；面对丰富的内容，需要通过分工合作共同完成。"学习单"让不同层次的学生都拥有同等的参与和发展的机会，使教学活动真正建立在学生自主活动、主动探究的基础上，促使其阅读能力得到发展。

2. 学习单的设计原则

课堂上学习单用得越多，越感受到它的不简单。学习单的设计、使用方式千变万化。围绕学习单，我们可以思考、学习、尝试的还有很多。

(1)设计原则讲"三有"

首先是有用——"好钢用在刀刃上"。学习单必须针对学生薄弱的学习环节和学习的重点难点而设计。要根据学生身心发展的特点、生活经验、学习现状和个性差异，结合教材的重点和难点，在学习内容、方法、途径、程度等方面进行适当调节。要充分发挥学生在学习过程中的主体作用，真正实现因材施教。要运用科学的教育教学方法，引领学生积极开展自主、合作、探究性学习，切实提高全体学生的学习效果。

其次是有趣——"好玩才会继续玩"。学习单的设计既不能太简单，因为这样激发不了学生的兴趣；也不能太难，导致学生无从下手，学习任务无法开展，就失去了意义。教师最好在自己研读文章的基础上，结合学生的思维特点，创新设计出具有自己特色的、符合本班学生实际的练习，提供给学生操练。学习单要努力体现趣味性，让学生觉得学习好玩。在交流讨论和汇报过程中，学生可结合有趣的事例、绘画、图片等来理解、突破文本中的重难点，将枯燥的学习内容寓于趣味的练习中，调动其思考的积极性。

最后是有效——"好用才能经常用"。通过合作解决学习单上的问题，加深学生对知识的理解，培养他们的发散性思维及发现、解决实际问题的能力。学生能够有所思考，学会一些学习的方法或者合作的技巧。这样，他们就有一定的成就感，会结合自己的学习情况进行总结，使自己对文本的掌握更精准。

(2)设计运用要"三精"

第一，精心选择学习内容。一份学习单不可能做到包罗万象、面面俱到。在一课时的学习单中，要精心选择一两个学习内容来让学生学习。所选择的学习内容力求直指主要教学目标，直抵教学重难点，直达学生学习活动的核心，直接指向教学活动的根本，这样有利于调动学生的积极性，发挥学生的创造性。

第二，精心设计学习形式。丰富多彩的活动是吸引学生进行自主学习的永久性"磁石"。学习单设计必须走出课本，走进学生缤纷的生活世界，让学生感受到学习就是生活的一部分。设计时，可以让学生参与，师生共同讨论；可以让学习小组进行设计，然后遴选出优秀的方案。只有走近学生，走进他们的生活，学习单的设计才能更加有效。

第三，精心推敲学习要求。要精心推敲学习单中每一个学习活动的主题，给学生明确的指向。学习活动不宜繁杂，表述的语言力求言简意赅，问题应具备引领性；同时，要给予学生明确的活动要求和指向，不宜出现泛化笼统的表述。

综上所述，有效设计和运用学习单是引导学生进行自主学习、合作探究的一个有效支架和载体。运用课堂学习单能让课堂学习聚焦化、学生思维显性化、学习经历过程化、能力可视化，充分发挥其导读、导思、导疑、导练的功能，引导学生在充满情趣的学习环境中，进行目标明确、有序可循的个性化学习。

总之，高中语文教学中需要加强学生语文思维的培养，将其作为学生语文学科核心素养中的重要组成部分，不仅对提高学生语文学习兴趣并促进知识体系健全，而且对学生语文学习能力建设也有重要的推动作用。教师需多吸收各类先进教学理念，革新教学方法，丰富教学内容，使学生学习过程中获得更多自主学习的机会，进而不断开发学习潜力，养成良好的学习习惯，培养学生语文思维，实现语文综合素养的提升。

第四章
高中语文课堂教学中
的形象思维培养

学生升入高中，进入青年期，此时各种思维的水平都有突飞猛进的发展，形象思维的潜能还有待于进一步发掘，从而对逻辑思维的发展也有促进。形象思维主要是知觉、内省、意象概括、联想、想象、直觉和审美情感等心理过程，未来需要高素质的人，这是世界的发展向人类提出的挑战，而迎接这一挑战的，是具有创造力的人，作为创造力的心理机制是形象思维。这就要求教师在语文学科的教学活动中，对学生的形象思维进行有意识的培养。

第一节　高中语文课堂教学发展形象思维的重要性

一、实施素质教育必须发展形象思维

实施素质教育是提高国民素质，培养 21 世纪人才的重要举措，语文学科教学必须落实素质教育。语文学科实施素质教育的目的是"全面提高学生的语文素养""培养语感，发展思维，掌握语文学习的基本方法，养成自学语文的习惯，重视培养发现、探究、解决问题的能力，为终身发展打好基础""发展健康个性，形成健全人格"。语文素养有哪些内涵？庄文中先生说："语文素质，除了理所当然包括语言、现代文读写、文学欣赏等能力外，这里主要指同语文相关的民族文化素质、民族审美情趣素质、民族精神的素质。"[①]因此，语文学科的素质教育应包括三个方面，即语言素质、思维素质和人文素质。形象思维的培养是语文素质教育中重要的组成部分。

（一）语言素质

智力离不开语言和思维，语文学科要着力发展的是学生理解和运用语言文字的能力和思维能力，这是由语文学科的性质决定的。

语文学科的内在本质是语言和思维的辩证统一。人们在运用语言文字进行思想情感交流的过程中，既离不开语言，也离不开思维。对于这一认识，朱绍禹先生有深刻的论述："语文科是语言学科，同时也是思维学科。同对语文科是工具性学科和思想性学科的认识一样，这样的认识也是语文科的一种本质观。在语文

---

① 李少华. 如何在语文教学中进行素质教育[J]. 语文教学与研究，2011(26)：35.

教学中，对语言和思维同等重视，是众多国家的现状，也是世界性的趋势。"[1]乌申斯基也说："语言并不是什么脱离思想的东西，相反地，语言乃是思想的有机创造，它扎根于思想之中，并且从思想中不断地发展起来。所以，谁想要发展学生的语言，首先应该发展他的思维能力。离开思想单独发展学生的语言是不可能的，在发展思维以前发展语言甚至是有害的。"[2]的确，一个没有学会如何思维的人，其文学修养、人文素质和人格魅力很难真正养成，而且不可能具备理解、运用语言文字的能力。因为当学生学习语文时，是在运用语言对思维进行加工，并将思维的过程和结果外化为语言，从而实现人际间的交流和互动。

（二）思维素质

在语言及思维发展的过程中，作为一种重要的思维形式的形象思维起着举足轻重的作用。

形象思维即凭借表象或形象进行的思维。形象思维并非表象的简单再现，而是通过形象的概括来反映客观事物的本质，形象思维的结果既是具体、生动的，又是高度、概括的，同样反映着事物的本质与规律。在一般情况下，形象思维、抽象思维二者是相互储存的。

一方面，人们日常的思维活动是形象思维与抽象思维的辩证统一。离开形象思维的基础，抽象思维就失去了凭借和起点；离开抽象思维的概括升华，形象思维就失去了意义。但在具体思维过程中，形象思维是基础。这一点，可以从认识事物的思维层次得知。一般而言，人的思维层次有三级。①形象思维层次。通过直接观察或语言文字，利用想象、典型形象来反映事物的本质。但这时进入思维过程的形象，已不再是纯客观的现象和形态，而是渗透了思维主体的记忆、想象、联想、经验、情感等复杂的心理因素的作用，因而已具备了向抽象思维阶段迈进的基础。②抽象思维层次。以形象思维为基础，运用概念、判断和推理的思维形式，将客观事物从联系和运动的链条中逐一分离出来，分别抽象和概括出它们的本质属性。③辩证思维层次。在抽象思维基础上，在事物的相互联系中、永恒的运动或矛盾的对立统一中反映事物。抽象思维主要反映着事物的确定性，形象思维主要反映着思维的灵活性，因此，研究思维的确定性与灵活性的辩证统一，是科学而全面地认识事物的重要条件。因为事物往往是多层次、多侧面，既

---

① 王松泉．朱绍禹学术理念探析[J]．语文教学通讯，2003(06)：10-11.

② 伏荣超．教会思维：语文教学的使命[J]．语文知识，2014(12)：56-59.

对立而又统一的复杂整体。当然，思维的发展各层次之间绝不是截然分开的，多以某种思维形式为主，兼有其他思维形式，若干思维形式相互联系和渗透而构成完整的思维过程。

另一方面，抽象思维是以形象思维为基础的。抽象思维离不开事物的表象，语言形式结构若不与表象结合，将不能表达任何思想。语言虽有音韵、响度、节奏和符号、序列、长短的变化，但这种变化很有限，若不与表象结合，将不能建立起复杂的语义体系。语言的声音之所以听起来美妙动听，能使人产生共鸣，完全是因为从语音（或文字）符号联系到它要表达的事物的表象，由表象赋予语言概念以具体含义的。表象既能为客体提供具体、直观的三维形象，又有明确、稳定的实在意义。可见，语言不可能脱离表象，否则就是一堆毫无意义的符号串。任何抽象的概念也是来自具体的表象。例如"深奥"一词，表示道理、含义高深不易了解，如果不借助物理深度的直观视觉形象，就无法理解。抽象思维要有具体、直观的事物表象作为内涵，才能使思维内容有血有肉，具有活力。在语文学习中，学生面对的多是文质兼美的文学作品或实用文，文中有大量的、充满感性的、形象的东西。学生随时要对感性的、形象的世界进行认识和思考。

可见，培养学生的形象思维是语文教学的基础环节，是语文教学固有的规律之一，它对于提升学生的智力素养具有重要意义。

（三）人文素质

素质教育的任务之一是培养学生的人文素质。所谓人文素质，是指以人性、人格、人生、人道为本位的知识意向和价值取向。当前，人文素质教育已是世界教育发展的趋势，也是我国素质教育之必需，是语文教学不可或缺的重要组成部分。现代语言学的研究也告诉我们：语言本身不仅是一种工具，还是人本身，是人的一部分；它不是一种外在于人的客体，而是主体；不仅是"器用"，还是"道体"；它满含主体情感，充满人生体验。可见，人文精神是语言的基本属性。

人文素质包括科学文化素养。语文教材中收录了中华民族五千年文明史中大量的优秀作品。有科学文化著作，如春秋战国时期总结了天文、历法、农业、水利等多方面的科学知识的《管子》；总结了农学成果的《吕氏春秋》等；先秦之后的记载着数学突出成就的《九章算术》等；唐、宋两代总结科学技术方面创造发明的《四时纂要》《梦溪笔谈》等。大批科技方面的专家，除大家熟知的张衡、祖冲之、毕昇外，还有建造赵州桥的李春，编写《本草纲目》的李时珍，撰写《徐霞客游记》的徐霞客及许多不知名的专家学者，他们的智慧和辛勤劳动对学生的影响也是巨大的。众多优秀的古代思想家，如儒家学派的孔子、孟子，墨家学派的墨子，道家学派的老子，唯物主义思想家王充，唐代思想家韩愈，明代教育家王守仁等，以及大量的文学作品和杰出的文学艺术家——从屈原、李白、杜甫、白居易到罗贯中、曹雪芹等，学生在语文学习过程中必然会受到这些文化瑰宝的熏陶和感染，并以之丰富与完善自己。

总之，发展形象思维既能提升学生的基本素质，又能发展学生的个性和特长。必修课、选修课和活动课相结合的课程体系为学生自主的语文实践活动提供了广阔的空间，特别是利于培养学生的创新精神和创造能力。要全面提升学生的语文素质，教材的编写与教学的实践都要注意整合知识与能力、过程与方法、情感态度与价值观这三个维度的目标，特别要注重培养学生的形象思维。

二、学习主体在接受过程中离不开形象思维

从学习主体看，人脑是产生智力的物质基础。美国神经生理学家斯佩里（Roger Wolcott Sperry，1913.8.20—1994.4.17）博士关于脑科学的实验研究表明："大脑两半球具有不同的功能，左脑主管抽象思维，具有语言的、分析的、连续的和计算的能力；右脑主管形象思维，具有音乐的、图像的、整体性和几何空间鉴别的能力。大脑两半球在不同功能上有各自的优势、发挥各自的作用，说明在重视人的抽象思维发展的同时，必须同时重视右脑的开发，重视人的形象思维的发展。"①

学习主体的接受过程离不开形象思维。人的认识过程是一个透过现象揭示事物本质的过程，这个过程要借助思维来实现。而在整个思维过程中，形象思维是基础。这就是说，人类思维的发展是从具体到抽象的。人在学习过程中，抽象思维和形象思维是作为两种不同的思维方式存在的，它们都在感性认识的基础上起步的。抽象思维是对事物的间接认识，运用的是逻辑手段，包括概念、判断、推理等思维方式。形象思维运用的是形象手段，它用典型化的方式进行概括，并用反映客观事物的具体的形象作为基本材料进行思维。二者使用的思维材料不同，思维方式不同，但殊途同归，都可以揭示事物的本质和规律。

学生的语文学习过程大致可分为三个阶段：获取知识（信息内化）—存储知识（认知结构）—运用知识（经验或观念外化）。每两个阶段之间既有交叉，又双向交互作用，三个阶段形成一个整体。在整个学习过程中都充分体现着语文学习的特

---

① 李蔚，祖晶．大脑两半球功能的传统观念与斯佩里观点［J］．中国教育学刊，1999(01)：18-20.

点。语文学习不同于数理化的学习，它具有三个特点：①多意象运动。文学作品是形象思维的结果，是用意象反映生活，揭示道理的。因此，学习者就要以意象运动的形式展开学习，意象运动越充分，大脑便越活跃。②多意会感悟。汉语的许多词汇中就具有丰富的汉民族语言的背景，文学语言的模糊性、含蓄性又为学习者提供了大量再创造空间。有些意象很难用语言形容，甚至"只能意会，不能言传"。③多直觉思辨。语文学习需要一种语感即语言直觉。形象思维的直觉性是指对事物的识别、判断不是以规定的程序、步骤一步一步地做出，而是瞬间完成的；有时思维也不是连续的，具有跳跃性，直接识别事物或获得最终结果。这些特点都与形象思维紧密联系。

（一）知识获取阶段

学生获取语文知识的过程是外界信息转化为头脑中的经验或观念的过程。这一转化过程是认识过程借助内化技能实现的，而实现信息内化主要靠感知和思维。语文学习心理认识过程，包括感知、记忆和思维。感知是感觉、知觉的合称，是指学生对客体的个别属性的完整认识和反映，即对文本的直观、完整而全面的把握。感知是获取语文知识形成语文能力的前提，感知是对客观事物直接的反映过程。感知事物时，要选择感知对象。通过对选择的原始材料的加工，上升为特征突出的完善表象，进而再对表象进行识别、比较、归类、联想，抽取其本质特征，形成感知。而这一切都要凭借大脑中已有的表象储备和知识经验，因此感知的过程总要伴随形象思维。在学习新知识的过程中，思维发生的标志是新信息与已有信息发生了联系，思维的结果是新信息被头脑中的经验系统（认知结构）所同化。可见，获取知识就是学习的主、客体双向交互作用的复杂的同化过程。在观察、阅读等学习活动中，都离不开形象思维。学生阅读文章时，要对课文进行分析、比较、综合、概括、归纳、演绎，要达到对文章思想内容以及写作特点有深刻理解和准确把握，必须调动已有的知识经验（表象）。如读到《阿房宫赋》中关于楼阁檐廊的描写时，大脑中会浮现出生动形象的画面，眼前仿佛出现了故宫、颐和园的亭台楼阁、飞檐回廊、绿水红桥等具体形象，而这些形象会帮助学生理解文意，使学生感受到文章字里行间所表现出来的恢宏气势，从而受到感染。在此基础上才能水到渠成地进一步归纳、概括出文章的深刻内涵和写作技法，完成知识的内化。有时，即使学习较为抽象的概念，也要以具体事物的印象为基础。如看到"秋"的字眼，脑海中会出现"天高气爽"的秋天景象：萧萧的秋风、淅沥的秋雨、飘零的落叶、漫山的红叶、田野的金黄和待收的庄稼；遇到

"学习"的概念，脑海中会闪现出课堂上读书、学习的表象。在感性认识的基础上，形成对"秋"和"学习"的深刻的、理性的认识。这是因为，学习新知识要以表象为原型，对课文内容进行理解或再加工，才能创造出外在形态更丰满、内在意蕴更丰富的新形象。以此为前提，通过对直观形象的抽象、概括，才能把形象的直观转换为抽象的思维，从而形成对事物本质的认识。可见，在这一阶段的学习中，表象既是感性认识的终点，又是理性认识的起点，还是由感性过渡到理性认识的中介。

（二）存储阶段

新知识在思维的参与和控制下借助内化技能转化为头脑中的观念形态时，被存储为长时记忆。在记忆仓库里，这些知识经验并非凌乱地堆积在一起，而是相互联系、有组织地形成"认知结构"。认知结构是"个体观念的全部内容和组织"，也就是说，内化到人脑中的所有经验（无论是直接的还是间接的，具体的还是概括的）和观念（无论是表象的、词语符号的还是概念的）都会按照相互联系组成系统，认知结构是知识存储的主要形式。认知结构有两个要素：一是其"构件"，即知识经验或观念；二是其结构，即构件之间的联系或关系。但无论哪个要素都离不开形象思维中的表象。感性认识包括感觉、知觉和表象三种互相联系、依次发展的形式。"感觉"反映的是事物的个别属性，"知觉"则是关于事物整体的反映，"表象"是直观的影像记忆在大脑中，事后再回忆起的产物。表象既具有直观形象性又具有初步概括性。正是由于表象的这种特点，表象不仅为大脑的思维加工提供了原料，而且为大脑的随时加工创造了条件。

"构件"按其在大脑中的存在形式可分为形象的（表象）和抽象的（文字符号）知识经验。概括的知识经验可以是形象的（典型形象或一般表象），也可以是抽象的（概念、定义等）；形象的知识经验可以是具体的（知觉形象或具体表象），也可以是概括的（典型形象或一般表象）。也就是说，表象也具有概括性特征，如文学作品中的典型形象就是概括化了的人物表象。在知识结构中，既要有具体表象的积累，也要有具有概括性的一般表象的积累，这样利于具体表象的概括化和一般表象的具体化，方便形象材料与抽象材料的相互转化，并为直觉思维和创造性思维提供必要的启发原型。

构件之间的联系与组织即"结构"，一般有两种基本类型：一是由具体与概括的知识经验之间联系组成的结构，包括三种类型，即"具体—具体型""概括—概括型""概括—具体型"。二是由形象与抽象的知识之间的联系组成的结构，包括

"形象—形象型""抽象—抽象型""形象—抽象型"。其中"概括—具体型"和"形象—抽象型"结构最为合理，因为其构件之间具有四通八达的网络式的联系，既利于新知识的学习，又便于知识的提取和加工运用。发展学生的形象思维，就可以使学生的感性认识在形象思维与抽象思维交替、转化的过程中，在表象的积累和唤起的过程中，建立科学而合理的知识结构。以阅读文学作品为例，在阅读过程中，始终贯穿着具体形象与抽象意念的矛盾运动，因为读者总要融入自己的生活体验和思想感情，阅读的感受就带有鲜明的个性特点。

（三）运用知识阶段

一个人经验或观念的外化就是将已有知识作用于外界，发挥其智能效果的过程，需要在思维的参与和控制下，借助外化技能来实现。语文学科的外化技能主要指运用语言文字读、写、听、说的能力。对于抽象思维来说，思维的表达是将头脑中相互联系的、以简缩的内部语言形式存在的概念或命题等，借助口头和书写技巧，转化为外部的、扩展的口头语言和书面材料。而形象思维的表达则具有多样化，可以借助描述技能把表象转化为文字材料，也可以借助肢体运动技能把表象表演出来。知识的运用还表现在解决问题的过程中，学生根据给定信息与目标之间的"障碍"（问题要求）进行回忆，在认知结构中搜寻可填补与目标之间空缺的知识经验，对原有的知识经验进行一系列的加工。在这个过程中，原有知识结构中与新问题之间紧密联系的材料（表象）起着重要的作用，表象储备丰厚，而且存储结构合理，有利于问题的解决。运用旧知学习新知的过程，其实也是填补新旧知识之间空缺的过程。学生获取新知的能力，相当程度上取决于认知结构中构件的性质及组合的合理性。形象思维发达，表象的储备丰富，不仅有利于具体材料的学习，即使是学习抽象材料，表象也可以起到调遣、固定抽象材料的特殊作用。

当然，我们强调形象思维的作用，并非忽视抽象思维。认知心理学认为，认知的过程要借助表象或概念，即通过形象思维和抽象思维两种思维形式才能进行信息加工，才能从已知信息推断出未知信息。外界的信息，通过观察、阅读和聆听，经过人的多种感觉通道进入人的头脑，成为思维的材料。思维结果的表达也是多种方式的，抽象概念自然要借助记、写、演算来表现，而形象的内容，不仅可用语言，还可用绘画、表演、音乐等非语言形式表现。这说明在认知过程中，形象思维与抽象思维是协同作战的。因此，只有把两种思维能力的发展结合起来，形成完善的认识方式，才有利于学生的全面发展。

三、形象思维是形成语文能力的重要基础

语文能力作为语文教育的重要目标，从内涵讲，是个体完成语文活动所必备的个性心理特征；从外延上划分，它又是一种综合能力，既包括语文学科所要求的学科能力，即读、写、听、说能力，也包括以认知能力为主要内容的一般语文能力，如敏锐而细致的观察力，广泛而持久的注意力，深刻而灵活的思维力，准确而巩固的记忆力等。从信息论的角度看，可包括接收信息的能力，存储、加工信息的能力和输出信息的能力。

作为一种个性心理特征，语文能力是存在于主体内部的一种心理结构，包括感觉、知觉、记忆、思维等基本心理过程，具有非传递性。也就是说，教师的语文能力不能直接传递给学生，只能通过学生自己的心理操作活动，不断扩展或形成新的心理结构。从发展的角度看，语文能力的生成过程就是其心理结构不断重组和变异的过程。

四、形象思维是发展学生智力的保证

世界教学改革的背景有两个特点：一是 20 世纪 50 年代以来，科技迅猛发展，知识急剧增长，学习时间的有限性与知识增长的无限性发生尖锐矛盾；二是全世界都在重视开发智力的教育，已形成教学改革的潮流。我国要实现社会主义现代化，跻身于世界先进行列，就必须培养一大批具有创造精神和创造性思维能力的人才。因为物质文明和精神文明的建设，归根结底都是"智力的物化"，是文化科学技术智慧的物质形式。

智力主要包括观察力、记忆力、思维力、想象力和注意力等，其中思维力是核心。观察力是指人善于准确、全面、深入地感知事物特征的能力。它是智力的基础，也是思维的起点，是认识世界的主要途径之一。对智力而言，思维是核心，创造是目的，观察是手段。观察力是智力活动的门户。人的大脑所获得的信息，绝大部分是通过视觉、听觉得到的。一个人智力的高低，很大程度上取决于观察力，因为它决定着一个人发现、提出、分析问题的速度和质量。阅读和写作的过程都离不开观察，巴尔扎克认为，文学艺术是由两个截然不同的部分——观察和表现所组成的。这是他多年进行创作的经验之谈。

发展观察能力，离不开形象思维。因为观察的过程即主体对事物的选择、发现、体验的过程，必须要用脑去思考，用"心"去体味。古人云："五官生五觉，五觉出文章。"观察不能像"傻瓜"照相机那样，仅停留在事物的外在形态，被动地

接受，而要通过大脑的思考，既认识事物之间的联系，又认识事物之间的区别，既把握事物的共性，又把握事物的个性，由眼睛看到的事物的表象深入到事物的内涵，进而挖掘出事物的本质。但是，在发掘事物本质的过程中，首先要认识这一事物形象本身，头脑中要掌握这一形象的特点；同时，还要善于调动生活储备，用心去体验。这样，你才能从颜色中听出声音，从声音中看到色彩，从冷暖中觉出软硬。这一切都要凭借头脑中积累的表象。有了表象的参与，"怀念"可以长出翅膀飞到亲人的身旁……这些从逻辑角度看似荒谬的东西，在以捕捉意象为主的形象思维中屡见不鲜。形象思维越发达，对观察到的事物的体验越新鲜，感受越深刻。也只有这样的观察，才能如法国艺术家罗丹所说，用自己的眼睛去看别人看过的东西，在别人司空见惯的东西上发现出美来。否则，即使再美的景物，再有趣的事物，也会"视而不见，听而不闻"。[①] 因此，观察的过程一刻也离不开形象思维。

想象力是智力品质的集中表现。想象力与智力具有较高的正相关。想象力强的人，其智力水平也高；想象力弱的人，其智力水平也低。可见，培养想象力是发展智力的基本途径。创造力的核心是想象力，而想象的触发点要靠形象，一件物品、一张图片、一段音乐、几行文字，都能激发人的想象。想象在思维形式上是发散的、多元的。例如鉴赏一篇文学作品，就不能是一个思维起点，一个思维角度，一个思维指向，一个思维结果，而应是"思接千载，视通万里"，进行多向思维，得出有个性的结论。发展创造性思维不仅在于开发人的右脑，也在于两半球的沟通，形成思维的互补。语文思维的特性在于形象性。语文是以单篇课文为基本教学单位，以语言学习为主要教学内容，以形象为理解契机的学科。教材中大量课文都是以形象反映生活，揭示主题的，特别是阅读文学作品需要想象和创造，需要形象思维。研究表明，大脑两半球的结构和功能之间存在着分工合作的互补关系。在语文学习中，在感受的基础上激发学生的创造性思维，诱发学生潜在的创造智能，就有利于将视听途径获取来的信息不断地由右脑传给左脑，左脑用特定方式将信息处理完毕，又不断地将信息传给右脑，左、右脑之间如计算机一样按程序工作。特别是在结合教材内容创设的愉悦、宽松、新奇的教学情境和氛围中，既适合学生根据头脑中积蓄的表象理解，体味新信息，进行再造性想象，又有利于学生将头脑中的表象创造或构成新的形象或形象体系，进行创造性想象。

---

① 沈悦. 罗丹的启示——《罗丹艺术论》美学思想研究[J]. 艺术品鉴，2015(02)：169-170.

五、形象思维是发展思维品质的保证

对高中学生而言，智力主要表现在对大脑中已有知识系统的加工、整理和对新知识的吸收、运用的过程，即在分析、综合、抽象、比较、概括等过程中表现出的一种心理特征，既是学习、运用知识的一种能力，也是学习活动中表现出来的思维品质，包括思维的深刻性、灵活性、创造性和批判性等。

思维的深刻性对语文学习而言，首先表现为对形象的"多重统一性"的认识，即将形象的各种特征，尤其是相对或相反的意象特征统一于形象本身。具体而言，就是要用形象思维将大脑中的表象与课文中的形象结合起来加以认识，再伴之以抽象思维，进行判断和推理，才能形成深刻的结论。特别是学习那些具有"思维含量"的文章。

思维的灵活性，在语文学习中主要是强调思维变式的作用，强调思维的发散性，注重思维的新颖性、多样性和综合性。这是创造性思维的前提和基础。在学习中应充分调动学生思维的发散性和求异性，运用意象从不同角度对客体展开思维，形成多解。

思维的独创性是智力的高级表现。在语文学习中，具体体现在能独立地发现新的知识、新的问题，发现自己的优势与弱点。教材编写应利于帮助学生进行对形象的再创造活动，对诸多形象的综合、比较、分析活动，使学生思考的结果富有创新因素。

思维的批判性是指在语文学习过程中进行信息反馈和检查，验证自己的思维途径是否合理，判定的结果是否真实、典型等。教材的编写应善于调动学生的批判思维，包括能鉴别课本以及别人观点的谬误，提出自己的正确结论等。

总之，智力的培养离不开形象思维，智慧是一种组织得很好的体现良好思维品质的知识体系。因此教材的编写应立足于探索科学的语文知识体系，同时注重这些系统知识的灵活运用的设计。

第二节　在高中语文教学中培养形象思维能力

在高中语文学习中，形象思维尤为重要，感受形象体会情感，无不需要形象思维。形象思维将抽象转化为形象，不仅使语言生动可感，更容易引发创造力。

形象思维是语文素养的重要组成部分，培养学生的形象思维，是语文育人功能的体现。

一、训练形象思维能力的意义

说到思维能力的培养，就不能只想到抽象思维，而忽视形象思维。须知，这两种思维能力的培养应该是相得益彰、相辅相成的。如果没有形象来支撑，抽象思维的发展就会受到影响。现代大脑科学研究雄辩地证明：人脑是由左右两个半脑组合而成的。由左半球主管语言、逻辑、数字的运用；由右半脑主管音乐、美术、空间的知觉辨认。从思维角度看。左脑的功能是主管抽象思维，右脑的功能是主管形象思维。人的思维活动正是在左右两个半脑的共同配合下完成的。教学特别是语文教学，要最大限度地同时开发学生的左脑和右脑，这样学生的抽象思维能力和形象思维能力方能齐头并进。

形象思维对于学生的语文学习有着特殊的意义。语文教材中大量的选文如诗歌、小说、戏剧、散文等文学作品的创作主要借助的是形象思维，学生对这些作品的鉴赏也主要靠形象思维。学生的记叙文写作训练，特别是诗歌、散文等的写作训练，从立意选材到布局谋篇，再到遣词造句，哪一个写作环节也离不开形象思维。这说明语文学习需要借助形象思维，也说明语文学习对于发展学生的形象思维能力具有得天独厚的优势。学生有了形象思维能力，不仅可以学好语文，而且可以学好其他学科。比如学生学习数理化的过程也是形象思维与抽象思维交错进行的过程。

形象思维的运作机制是：无论创作还是鉴赏始终离不开形象，形象要借助想象与联想、想象与联想要靠情感来推动。因此，形象、想象、联想、情感是形象思维的四大要素，也是形象思维的运作机制。因此，语文教学中培养学生形象思维能力主要是培养感受和描写形象的能力、培养想象能力、培养联想能力、学会把握审美情感。

二、训练形象思维能力的途径

（一）训练学生感受形象与描绘形象的能力

如前所言，事物的形象就是形象思维所反映的对象。语文课中诗文的形象主要指文学作品中的语言形象，即以语言为手段而形成的文学形象，是作者的美学观念在诗文中的创造性体现。形象的具体因素包括环境、人物、场面、情节等。

形象思维的第一要素是形象，训练学生的形象思维，就要引导学生从诗文的阅读中去感受形象，从诗文的习作中去再造或创造形象。

1. 训练学生在阅读中感受形象

文学形象具有知觉、表象和想象所能把握的生动可感的属性。它不同于科学上标示抽象一般的种类、性质的图示和模型，而是表现为具体、生动、独特和个别的形态，或是一片景象，或是某个人物。

引导学生感受景物形象，就要让他们感受形象的意蕴，从景物形象中窥探作者的情感世界，看作者怎么借助景物形象来传情达意。比如教杜甫的《登高》，针对颔联"无边落木萧萧下，不尽长江滚滚来"两句，教师首先要让学生自己从阅读中归纳出两种景物：一是落木，二是长江。老师告诉学生，杜甫生于公元712年，卒于公元770年，活到55岁时，也就是去世前3年，多病登台时写的这首诗，然后让学生由树及人展开联想，去揣摩杜甫面对晚秋落叶飘零之景的感受。学生自然会领略到景中所含之情，那就是自然的晚秋象征着人生命的晚秋，落木萧萧之景正含着杜甫感叹生命短暂之情。接着，教师让学生去领略长江之景的意蕴。让学生联系到苏轼的"大江东去，浪淘尽，千古风流人物"的词句，自然从"不尽长江滚滚来"中理解到杜甫对历史长河永不停息的感悟。最后让学生把两句诗描写的两种景物联系起来思考，学生就不难发现，杜甫将落木与长江对照起来写，意在借历史长河的久远来反衬人的生命的短暂。字里行间，虽然含无可奈何之意，但亦有生老病死乃自然规律的达观。

引导学生把握人物形象，就要透过形象认识人物的典型性格，进而体悟作者的审美感受、全文的主题思想。比如教《装在套子里的人》这一课，教师可先让学生通过阅读，整体感知课文，抓住"套子"这一因素理出小说的情节结构，让学生初步认识别里科夫的表里如一的"套子式"的性格特征，然后采用探究合作的方式来深入理解别里科夫的人物形象。比如，有教师在让学生熟悉故事情节，初步认识别里科夫套中人形象的基础上，安排了这样的教学环节：就别里科夫的死因做立案调查，了解他是自杀还是他杀。合作探究的全过程包括案发背景、现场勘查、本人档案资料、有关人士采访、结案报告五个环节。这就把历史文本的学习转化为历史案件的调查活动，将小说和生活加以还原的情境化活动。学生通过相互交流、相互质疑、相互否定、相互吸收、思想交锋，最后认识趋于一致，即别里科夫既是自杀，也是他杀，但本质上是他杀。从别里科夫日常的穿着与习惯可以看出他思想的保守，仅仅是看出华连卡兄妹骑自行车，他便不能接受。而华连卡并无恶意的笑足以让他想不开，以致忧郁而死。可见使他精神崩溃而走向死亡的正是他自己的极端顽固和保守，其死因当然有自杀的成分。但造就别里科夫顽固保守性格特征的正是沙皇统治者采取的高压政策，它导致了别里科夫心灵的僵化死亡，使他心甘情愿地变成了沙皇统治者的鹰犬。可见杀害别里科夫的元凶就是沙皇统治者，这就是他杀。学生从探究别里科夫死因的思想碰撞、反思批判的合作学习活动中，既认识了别里科夫思想顽固、保守的套中人性格特征，更明白了沙皇统治从精神上扭曲别里科夫性格而导致其死亡的罪恶。学生便顺理成章地认识到小说的主题——要解除人们的思想保守之源，就必须推翻沙皇的统治。

2. 训练学生在写作中描绘形象

学生作文中的记人叙事、写景状物含涉及到形象的描绘，这是在写作教学中训练学生形象思维的重要环节。训练形象描写可以与阅读鉴赏教学结合进行。写作开始不一定成篇，可先练习写片段。

(1)训练学生在阅读鉴赏中模仿创新形象。人们在学习和实践中积累起来而储存在大脑中的知识单元，被思维科学称为"相似块"，这种"相似块"大量地存在于客观事物和认识主体的思维活动中。所有的创新都是相互套在一起，由小到大、由低级到高级的综合相似形或更大的体系。创新常常就在于发现两个或两个以上的研究对象或设想之间的联系或相似点。阅读鉴赏就是储存和丰富学生大脑中的相似块。写作中的模仿就是大脑中的相似块的自动汇合、接通、激活的过程，从中产生的同中异变，便是推陈出新的思维成果。借鉴课文的迁移训练实际上是模仿创造技法在作文教学中的运用，是一种读写结合的有效方式。在模仿中创新，就是要以读带写，以写促读，在阅读中渗透作文。学生学习描绘形象的训练，完全可以采取模仿课文的方式进行，其关键是教师要加强指导。

(2)训练学生在阅读鉴赏中再造艺术形象。在文学文本中，在人物性格、对话、生活场景、心理描写、细节等方面都存在许多空白和未定点，这些空白和未定点本身就提供了再创造的可能性和限度，这是对读者的一种召唤和等待，召唤读者在其可能范围内充分发挥再创造的才能，这就是艺术作品的召唤结构，或者叫结构的召唤性。"画了鱼儿不画水，此间亦自有波涛"，这没有画出来的波涛，这意会中的波涛，就是艺术空白。凡艺术均有空白，绘画的虚笔，建筑的借景，音乐旋律的歇拍，电影、电视的空镜头，书法的笔断意连，文学作品的模糊性，均是艺术空白。艺术家们往往通过"空白"和不完满的形，给欣赏者以无限广阔的想象空间，造成更大的刺激效果。

3. 在综合性学习训练中丰富学生形象

综合性学习实践活动作为一种课程被纳入语文学习之中，作为教学目标的五大板块之一，使语文课程由封闭走向了开放，意义深远。语文综合性实践活动能够很好地使语文自身的听说读写活动实现有机统一，使语文与生活实现紧密连接，使语文与其他学科实现交叉整合，使书本知识学习与实践运用实现紧密结合，因而在语文综合性学习实践活动中训练学生的思维能力，较之其他语文活动具有更广阔的空间，训练的灵活性、综合性、多元性更强。形象思维是综合性学习的起点。形象是人的大脑对外界事物的印象，这种印象往往可以借助物化的形式加以再现，从而为人的感觉所把握。因此，教师在开展语文综合性学习实践活动中，要创设问题情境，丰富学生形象。例如有教师组织学生学习有关红军长征的知识，创设出"红军长征是怎样走过来的"问题情境。活动中，安排了一个汇报交流的环节，汇报展示的内容有学生绘制的金沙江图和遵义会议地图、表演红军夺桥的造型、配乐朗诵文中描写夺桥经过的内容、表演《草地夜行》中老红军救小红军的内容、高唱《长征》组歌等。在这些活动中赋予了学生丰富的形象，不仅加深了学生对长征中红军革命英雄主义精神的体验，也锻炼了他们的形象思维能力。

（二）训练学生的想象力与联想力

在形象思维中，无论是感受形象，还是描绘形象，都要借助想象与联想，想象与联想是形象思维的主要加工方式。因此，培养形象思维能力，就要培养学生的想象能力与联想能力。

1. 在阅读教学中训练想象力与联想力

(1)在阅读教学中训练想象力。这里的阅读教学主要是指文学作品教学。文学语言主要是模糊语言，它表达感情和思想倾向的特征就是含而不露，曲折隐晦，这就给读者留下了十分广阔的想象空间，令读者回味无穷。教师引导学生抓住课文的模糊性来品味其意蕴，这是发展学生想象能力的有效途径。

(2)在阅读教学中训练联想。与想象相关的联想力，也可以在阅读鉴赏中得到训练。其方法是以阅读文本为媒介，调动学生的期待视野、整合学生的知识与生活经验，对文本进行多元解读。

2. 在写作教学中训练学生的想象力与联想力

(1)在写作教学中训练学生的想象力。想象是形象思维的主要结构成分，要培养学生形象思维能力，就不可不培养其想象能力。黑格尔认为，对于艺术家来说，如果说到本领，最杰出的艺术本领就是想象。其实想象岂止是艺术家的本领，高中学生作文也需要想象的本领。它能弥补学生生活不足的缺陷，丰富生活的内涵，赋予形象的审美价值，创造出形象生动的第二自然。

为什么课程标准这样重视对学生想象能力的培养？那是因为作文是思想内容和书面表达形式的高度统一，是学生思想道德品质、语言表达与应用能力、书本知识及生活体验的综合反映，是富于创造性的语言表达与交流的实践活动，作文立意选材、布局谋篇、遣词造句的每一个环节都离不开作为形象思维主要结构成分的想象。想象力贯穿了整个作文教学之中，没有想象力，学生作文思路就会闭塞，内容就会空洞，立意就会落俗套。一句话，要提高学生的写作能力，就要培养学生的想象力。

(2)在写作教学中训练学生的联想力。与想象力相关的联想力，也可借作文教学进行训练。作文中发掘材料、丰富材料都要靠联想。联想有横向、纵向、逆向、多向，均可在写作中得到训练。

3. 在口语交际教学中训练学生的想象能力与联想能力

所谓口语交际是指交际双方为了达成交际目的，运用口头语言和某种表达方式进行思想感情或信息交流的一种言语活动。语文教学的各个环节都可以渗透口语交际，比如自我介绍、看图说话、讲故事、谈理想愿望、说自己的感受、谈读后感、日常的交往情景的模拟、演讲、表演、辩论等，其中的许多形式都特别适合对学生进行想象与联想能力的训练。

4. 在综合性学习中训练学生的想象能力与联想能力

综合性实践活动就是要在突出各学科特点的前提下实现跨学科教学，要使语文学习与其他学科的学习适当地交叉整合，还要把语文课堂教学资源和生活学习资源，包括自然风光、文物古迹、民俗风情、国内外重要事件、学生家庭生活及日常生活话题等都开发成语文课程资源积极利用。这就决定了综合性学习活动需要充分调动学生储备的各种知识和生活经验，为学生训练想象力与联想力提供了广阔的空间。我们要充分利用综合性学习这一优势发展学生的想象能力与联想能力。

实践证明，在综合性实践活动中，教师只有把握住学生的心理特征，借助观察及课本的启发，注重实践，关注过程，展开想象与联想，并以巧妙的方式，挖掘学生潜在的智能力量，才能使学生的想象能力与联想能力得到有效开发。

(三)训练学生把握审美情感的能力

情感是形象思维的重要因素，是一种推动想象与联想而塑造或鉴赏艺术形象的助推器。在语文教学中，识字与写字教学、阅读教学、写作教学、口语交际教学、综合性学习实践活动都可以训练学生的审美情感，尤其是阅读教学中的文学审美鉴赏活动，更适合训练学生的审美感情。文学作品中的形象无不打上了作者审美情感的烙印。语文教师应该用高尚的思想道德情感去对学生进行潜移默化的感染，去开启学生情感的"潘多拉魔盒"，去塑造学生美好的心灵。这是为培养学生形象思维能力练内功。

语文课本中每篇课文都有力场的结构和情感的力度。教师要引导学生把文本中有形的物理力场转化为学生能感受到的作者心理力场和情感力度，借以对学生进行审美情感教育。刘勰在《文心雕龙·知音》篇中强调："观文者披文以入情。"那么要"入情"，就要"披文"，就要教师适度的讲授，但最重要的是还要靠学生调动期待视野，用自己的"心"去感受。

1. 营造煽情的氛围和环境

语文教学的规律之一就是"以情悟文"，情感还要靠情感来打动。教师要引领学生设身处地去体验文本传递的情感，应创设一种与被感知对象相似的教学情境，从而唤醒知觉表象，然后过渡到认知对象的体验上。营造煽情的氛围与环境的方法很多，比如再现图画、渲染音乐、表情朗读、表演动作、展现生活、演示实物等。通过这些教学活动来激发学生有利于知识学习和个性健康发展的情感，让教师情、学生情、教材情三情合一，从而使学生在心理和生理上都能产生震动，得到情感上的洗礼。

要创设情境也需要教师的情感投入。如果说学生的头脑是一个需要被点燃的火把的话，那么教师的教学激情就是火种，要使学生燃烧起来，教师得首先燃烧自己。教师在教学过程中，要尽情地忘我投入，该哭时，不惜洒泪；该笑时，纵情放声；该悲时，话不成语；该怒时，拍案顿足……教师只有自己进入了角色，才能带领学生进入艺术天地。教师的情感一旦感染了学生，师生的情感就会交融、共振，求得实现目标的一致性，收到最佳的教学效果。

2. 从感情表达出发把握朗读语气

在朗读教学中，所谓读出感情的"情"，应该是文本情、教师情、学生情的融通之情、共鸣之情。首先教师要从文本的解读中挖掘出隐含的情感因素，从这些情感因素中引起自己的思想感情的回旋激荡，使教师自己的情和文本的情达到高度的和谐统一，其次用教师与文本的共鸣之情去感染和打动学生，从而实现三情合一。三情合一的关键在于教师要能引导学生从作品中发现其所反映的矛盾与人类面临类同的现实矛盾的相似之处；发现人类相似的生活境遇与作品中表现的情境的相似之处；发现人类相通的人生经验与作品中表现的经验的相通之处；发现在现实生活中能使人感动的大自然美景与作品中描写的美景的相吻合之处。这些现实矛盾的类同、生活境遇的相似、人生经验的相通、对大自然的共同向往就会产生教师、学生与文本的情感融通。所谓读出感情，也就是读出共鸣之情，融通之情。如朱自清《荷塘月色》开头："这几天心里颇不宁静。"语调于平淡中显出烦恼。"这几天"后略停，表现烦恼非止一日。"颇不"要重读，说明苦闷很深。

总之，有感情地朗读应着眼于以文本之情育学生之情。教师要以声情并茂的范读抒情、播情；以绘声绘色的导读达意、传情；以音乐伴随的朗读激情、动情。

3. 挖掘语言文字背后隐含的传情点

所谓传情点，就是那些在传情达意方面表现力极强的语言或表现形式。教师要善于引导学生挖掘并捕捉这些传情点，去铺设学生与文本进行情感交流的桥梁。文本中那些"一字千钧""牵一发而动全身"的关键词句，那些画龙点睛之笔，都要重锤敲打，动情剖析，使其中饱含的思想感情迸射出耀眼的火花，照亮学生的心灵，引起他们的共鸣。

那些情景交融的诗文，正是情与景的异质同构。不同的景物传递不同的情调心态。《礼记·乐记》提出了"人心之动，物使之然"的"物感说"，《诗品》提出了"气之动物，物之感人"的"气动说"，王夫之提出了"情景交融说"，王国维提出了"二原质"的情景论。这些理念体现了情与景的异质同构，对于情景交融的诗文，其传情点正在那景那物上。世上情感千般，物有万种，不同的心情就有不同的外在对应和感性呈现，不同的景物表达出不同的感情，教师要善于引导学生从壮景中发掘其豪情，从悲景中挖掘出柔情，从清景中挖掘出悠情来。

4. 借助历史文化语境领会文情

所谓历史文化语境，第一是指文本语言在其产生的那个时代的语义，比如用典，它既是文本意义产生的内部证据，又是文字历史语境的基本内涵。第二是指作者同类作品或与之相关的书信、其他文字材料，作者的写作风格、嗜好、与人交流的历史材料这些是文本解读的外部证据以及作者的创作意图材料等。第三是同时代的作品或哲学思想、时代思潮、文学观念、历史事件等，这些是作文扩展了的共时态语境。第四是文本产生之前或之后的同类文学作品及与文本相关的评论，这些是作文判定时代特征的不可少的参照，是扩展了的历时态历史语境，是帮助读者挖掘文情的历史文化语境。

5. 从句子组合规则中释放情感意绪

结构是系统中各部分的组织形式。系统就是以某种方式构成内在联系的或结构化的整体。系统对要素的制约是通过结构起作用的。相同的要素形成不同的结构，就会产生不同性质的事物。语言也如此，同样几个词语，其组合的句式结构不同，表达的意义也会不同。可见语言的结构形式不只是内容的负载体，它本身就意味着内容。总之，句子的一定组合规则是与一定意义和感情的表达相对应的。句子的结构形式在语言运用中虽然是千变万化的，但也有一些使用频率高、表意功能强的基本结构形式，在阅读教学中，教师要注意引导学生从对这些句式的分析中去释放出作品的情感意绪来。

第三节 高中语文基于形象思维能力训练的课例

《品质》教学设计

高尔斯 华绥

一、教师思考

这节课，先让学生研读文本，重点分析格斯拉的人物形象，理解他身上闪现的优秀品质，然后通过对这个人物的分析，探究文章所表达的主题思想，格斯拉不善于经营的背后是对品质的坚守，这也契合这个专题"底层的光芒"的主题思想，告知我们不管身处何位，以诚实的品格守护社会的良知，他们的精神如同日月星辰，就会永远散发着光芒。

二、教学目标

(1)分析鞋匠格斯拉的人物形象，认识人物身上体现出的人类社会的优秀品质。

(2)学习小说中如何通过细节来推动情节发展、刻画人物形象。

三、教学重难点

(1)分析格斯拉这一人物形象，理解他身上闪现的人格光辉。

(2)作者思想情感的领会与我们今天学习这篇课文的现实意义。

四、课时安排

1 课时。

五、教学过程

（一）导入新课

伟大的哲学家康德在他的星空定律中曾说过这样一句话：

值得我们仰望的不只是星空，还有道德；值得我们追逐的不只是利益，更有品质。

今天，就让我们跟随作家高尔斯、华绥看看他笔下的《品质》一文给我们怎样的感触。

（1）板书：品质

（2）交代学习目标：①分析鞋匠格斯拉的人物形象，认识人物身上体现出的人类社会的优秀品质。②学习小说中如何通过细节来推动情节发展、刻画人物形象。

（二）走进文本，整体感知

一部小说给读者印象最深刻的往往是故事的主人公，还有就是引人入胜的故事情节，下面给同学们一个小任务。

问题：用简洁的语言概括小说的故事情节。（提示：在主人公身上发生了怎样的故事？或者课件展示格斯拉的人物简历。）

三分钟后学生自主起立回答，两到三名同学回答进行比较和评价鼓励。

明确：叙述了拥有高超技艺的鞋匠格斯拉兄弟能做非常好的靴子，因不肯降低品质，在与大公司的竞争中失利，生意越来越清淡，以致最后饥饿而死。

板书：格斯拉　饥饿而死

（三）深入文本，细心品读

通过概述故事情节，我们对格斯拉有了初步认识，而文中除了主人公格斯拉之外，还有"我"及文章末尾出现的长着英国人模样的年轻人。这两个人都与格斯拉的生活有着交集，或者说他们都见证了格斯拉最终的命运。要深入了解格斯拉，可以通过这两个人的视角或许更清晰一些。

引导学生找出两个人对格斯拉的称呼(板书)。

"我"的老朋友——格斯拉

怪人——格斯拉

问题：从"我"的老朋友和年轻人眼中的怪人这两个视角概括分析格斯拉的人物形象。简要概括(要求：边找边读边圈画相关句子；注意抓住细节，做一个学习的有心人)。

(此处采取小组讨论，回答的时候各个小组展示)

十分钟后小组展示讨论结果。

同学们都是比较有心的好学人，善于从细节发现令人深思的观点，很棒。通过分析，我们认识了一位手艺精湛、用生命恪守职业道德的底层劳动者格斯拉。这时，我们再回看题目"品质"，就会明白作者赞扬的除了他的人格品质外还有他制作靴子的品质。

过渡：然而，就是这样一位手艺精湛，有着诸多优秀品质的老人却在 60 多岁离开了人间，原因是饥饿而死。换言之，他守着最好的手艺，却有最惨的命运，原因是什么呢？(文中有交代吗？有的话请找出相关语句并简要概括。)

学生主动站起来回答完毕，课件展示答案：

社会原因：垄断、竞争(此时，涉及当时的时代背景，课件展示写作背景)

顾客因素：缺乏耐心、喜爱美观靴子

自身因素：执着、保守

小结：格斯拉不善经营的背后是对品质的坚守，顾客态度的变化在一定程度上是对品质的抛弃，而格斯拉也因其生活的特定时代越发地体现出其人格的光彩。

这也正是我们这个小专题"底层的光芒"想要传达给我们的道理，无论身处何位，以诚实的品格守护社会的良知，只要人格高尚，凡人和伟人一样，他们的精神如同日月星辰，在历史的苍穹中永远散发着光芒。

(四)思维拓展

其实任何时代，任何环境下都会有"格斯拉"，他身上的敬业、手艺精湛、专注于自己的理想这些可贵的品质正是我们国家大力提倡的"工匠精神"。

课件展示 2018 年《大国工匠》中李万君的事迹和颁奖词。

小练笔：仿照李万君的颁奖词让学生给格斯拉写一篇颁奖词(可长可短，活跃思维)。

五分钟后学生自由展示。

总结：畅所欲言，言由心生，在听取同学们对格斯拉的赞语后，老师衷心地给同学们赞赏，我感受到你们在如何评价一个人方面有了新的认识，在完善自我人格方面也有了自己的想法，这就是我们今天最好的收获。

那么，大家就用一句话概括今天你收获了什么（可以是知识方面的也可以是其他方面的）。【看时间，如果时间不够可省略】

学生回答：（略）。

那么老师也想送给大家一句话，我们一起共勉。

课件展示：

身处困境，能够不忘初心，坚持最本真的善，这就是人身上最闪耀的光芒。

（五）作业设置

思考"积累与运用"中第二题，阐明观点并写不少于 200 字的观点。

六、教学反思

在对文本进行探究时，教师已充分调动了学生的积极性，效果还是不错的。最后教师结合当今《大国工匠》中李万君的事例，让学生写颁奖词，进行自由交流，积极探讨文本的现实意义。

这篇文本阅读理解相对简单，重点在于拓展和提高学生的思维能力，围绕人物形象进行分析，基本达到预设效果，在结合小说三要素和主题对人物形象进行分析的能力还需要进一步强化。有效地训练了学生的形象思维能力。

第五章
高中语文课堂教学中的抽象思维培养

抽象思维是思维的高级形式，又称为抽象逻辑思维或逻辑思维，也有科学家称为分析思维。抽象思维就是舍去了事物的具体形象，主要以语言为载体的思维方式。其主要特点是通过分析、综合、抽象、概括等基本方法协调运用，从而揭露事物的本质和规律性联系。抽象思维是人类所特有的，而且只有在达到一定年龄阶段后才会出现，它是心理发展到高级阶段的一种水平较高的思维。抽象思维的训练，在语文教学中占有很大的比重。几乎每一节阅读课、每篇作文，都涉及对学生的抽象思维训练，关键在于教师能否从发展思维的意义上去看待这些训练，提高思维训练的效果。

第一节　抽象思维的基本理论及原则

一、抽象思维的基本理论

（一）抽象思维的定义

所谓抽象思维，简单地说是指借助于概念、判断和推理，认识和反映事物过程的思维方式。有的研究者把抽象思维称为抽象逻辑思维、逻辑思维或分析思维。它与形象思维相对应，是思维主体结合自己的主观认识和情感因素，在感受研究对象的形象信息基础上，以语言、文字、符号、数字等为思维载体，以抽象分析分类等为基本过程，通过分析、综合、比较、抽象、概括等认知加工方式，揭露事物的规律和本质的思维活动。抽象思维可以分为形式逻辑思维与辩证逻辑思维两种思维形式。所谓形式逻辑思维就是凭借概念和理论知识，并按照形式逻辑的规律进行的思维。这种思维的形式是概念、判断和推理。所谓辩证逻辑思维就是凭借概念和理论知识，按照辩证逻辑的规律进行的思维。形式逻辑思维是对相对稳定、不大发展变化的客观事物的反映；辩证思维是对不断发展变化的事物的反映。抽象思维是人类最主要、最基本的一种思维方式，因而，语文学习离不开抽象思维。不仅议论文、说明文等文体的读写训练离不开抽象思维，散文、小说、诗歌等文学作品的读写训练也离不开抽象思维。

（二）抽象思维的特点

关于抽象思维的特点，不同的学者从不同的角度出发，就有不同的说法。我们认为，抽象思维的特点有如下几个方面。

1. 抽象思维的普遍性

抽象思维在构成概念时，舍去了事物的具体形象，通过分析、综合、抽象、概括等基本方法协调运用，从而揭露该事物的普遍性——本质和规律性的联系。它抽取的是客观事物一般的、本质的、规律性的东西，舍弃了事物个别的、现象的、偶然性的东西，故而只反映事物的一般属性和普遍性（共性），而不反映其特殊属性和个性。它使概念不再包含对象内部的矛盾性、差异性、多样性和特殊性，而是抽象的同一。抽象思维作为一种重要的思维类型，是在分析事物时抽取事物最本质的特性而形成概念，并运用概念进行推理、判断的思维活动。逻辑思维的普遍性能帮助人们在思维过程中做到概念明确、判断恰当，为超越自己的感官去认清更加宏观、或更加微观、或更加快速变化的世界提供了可能性。如果没有抽象思维的普遍性，就不能准确界定概念和概念之间的关系，这种可能性就无法变成现实性。

2. 抽象思维的严密性

抽象思维最重要的特征是思维系统的严密性，主要表现为规范性、必然性、规则性、可重复性。抽象思维的方法是一个多层次、形式化的系统方法。它由一个被形式化了的公理系统组成，在这个公理化系统中，包含着许多逻辑思维的形式和逻辑规律，它的每个组成部分的构建和功能都是为整体服务的。在系统内部的各个组成要素之间存在着有机的联系，而且系统与外部因素之间也有着某种程度的联系。随着逻辑科学的进一步发展，这个系统将变得越来越复杂，越来越严密。

抽象思维注重纵向集中的线性过程，追求结论的有效性，因而思维进程的每一步都要有充分的根据，都必须采取肯定或否定的形式，有严格的真假规定。故而它的思维进程从一开始就是在实现目标所规定的区域内进行，有条不紊，循序渐进，步骤严密，且具有很强的说服力。其结果可以由以往思维进程的每一步所验证。抽象思维的规范性不仅表现在它自身内部，还表现在它的检验与反思功能上，主要是在对假说的形成和科学认识结果的证明过程中，这些都需要建立在推理和论证正确、可靠、严密的基础上。

3. 抽象思维的稳定性

抽象思维着重研究的是对对象的质的规定性和矛盾发展的相对稳定性。它以有序的思考方式，提出问题并验证解决问题。它的每一步都有严格的时间渐进顺序，概念—判断—推理的过程是不能跳跃前进的，即使在推理的省略式中，其省略的部分也是思维者心中自明的。任何事物在其发展、变化的过程中都存在着自身的质的规定性，即相对稳定、静止的状态。这种事物本身所具有的运动普遍性和静止相对性，决定了人们的抽象思维活动既要反映事物内部及事物之间的运动、联系，也要揭示事物在某一方面或某一发展阶段上的有条件的确定性和稳定性。逻辑思维的确定性和稳定性能帮助人们发现偷换概念、转移论题、自相矛盾等这些看似简单的逻辑错误，以帮助人们在思维过程中做到概念明确、判断恰当、推理合乎逻辑和论证有力。由此，不少文章认为逻辑思维是机械化的思维，其程序是封闭式的推导，任何中断、飞跃、逆转的运作方式都不属于逻辑思维的范畴，得出逻辑思维是僵化、保守、不能带来新知的思维。这显然是片面夸大了逻辑思维的有序性、相对确定性和稳定性。思维是客观现实的反映，而客观现实有其相对稳定、不大变化的一面，也有其不断运动和不断发展变化的一面。形式逻辑思维是对相对稳定、不大发展变化的客观事物的反映。所以说，抽象思维具有稳定性特点。

4. 抽象思维的层次性

抽象思维通过抽象形成概念、判断、推理，其抽象能力可分为三个层次。

（1）表征的抽象。这是初始层次的抽象，是对事物表面现象的特征进行的抽象，因此抽取出来的主要是事物的表面特征中的共性。例如，竹门、木门和铁门都是门。门就是抽取出来的事物的表面特征中的共性，这个概念反映了所有门的普遍属性，你不能说它是窗。在语文教学中训练学生形成概念，有利于解决问题。

（2）本质和规律的抽象。这是深层次的抽象，是对事物内在本质和规律的抽象，因此抽象的结果往往是定理、定律或原理等。例如，"浸在流体中的物体受到一个支持力，其大小等于该物体所排开的流体重量"和"行星在椭圆轨道上绕太阳运动，而太阳位于椭圆的一个焦点上"这两个定律有一个显著的共同点，即它们不仅概括了观察到的事实，而且包含了一些重要的概念，诸如"支持力""椭圆"等。这些概念不是直接观察的产物，而是逻辑思维的独特产物和工具，有了它们，规律得以显现，知识得以简化。这就是对逻辑思维的本质和规律进行抽象的结果。

（3）形式结构的抽象。这是更深层次的抽象，是对各种在内容上截然不同的事物所具有的共同形式结构的抽象，其抽象的结果与表面上的共性有本质的区别。表面特征的抽象结果是可以直接进行感知的，而形式结构上的共性是不能直接进行感知的。形式结构的抽象是最高层次的抽象。

（三）抽象思维的功能

抽象思维可以帮助人们清楚地熟悉和把握直观感知的形象，并使人们对形象的感知得到促进和深化。抽象思维规范引导着人们的形象思维，帮助人们分析、审阅形象结构。概而言之，抽象思维能够规范和引导人们学习各科知识，建立学科体系，开展创新活动。

1. 靠抽象思维学习各科知识

据有关方面的材料证明，目前教学上运用抽象思维方法是运用形象思维方法的几十倍。这说明抽象思维在学习各科知识中发挥着重要作用，抽象思维在教学中占有绝对优势。在目前学校各门课程学习活动中，大量地进行阅读、写作、计算、分析、逻辑推理和言语沟通等，其过程主要是以语言、逻辑、数字和符号为媒介，以抽象思维为主导。这些活动都是着重于左脑功能的发展。要搞好学习必须发展大脑左半球的功能，重视言语思维能力，学会并善于运用抽象思维方法，这也是学习成功的基本条件。在学习中，抽象思维的作用是十分重要的。任何一门学科中的公式、定理、法则、规律，都必须通过抽象思维才能把握，其运用和解决作业任务等也都离不开抽象思维。所以，一定意义上说，掌握知识的过程，就是运用抽象思维即掌握概念、判断和推理的过程。

2. 凭抽象思维建立学科体系

观察事实的简单堆积不是科学，定律的简单汇编也不是科学。如果把观察事实比作第一层的砖瓦，科学便可以看作宏伟大厦，定律只是第二层次的组装结构。一旦能够覆盖几乎所有定律的一两个主定律诞生时，一门科学便标志着成熟，这就是第二次飞跃，即由定律到理论的飞跃。有了逻辑推理，无次序的定律出现了次序，定律变成了定律链，后一个总可由前面的定律派生出来，处在链的最前方的便是主定律。不仅如此，借助于逻辑推理，人们还能派生出新的定律。在理论形成之前，定律是科学家千辛万苦发现的，而在理论形成之后，定律可以是一个中等智力的人所推导和派生的。

3. 借抽象思维开展创新活动

创新活动是指通过对现有事物的观察、分析、综合、推理、想象，突破原有知识的范畴，发现新规律，提出新方法，创造新产品、新成果，解决新问题的过程。任何创新活动都必须遵循客观规律和逻辑法则，违反了逻辑就不可能有任何真正的创新。因此创新活动与抽象思维是密切相连的，真正的创新活动往往是从抽象思维开始的。抽象思维对开展创新活动的作用主要表现在引导调控创新目标、直接产生创新结果和准确表达创新结果三个方面。

(1)引导调控创新目标。思维主体发现新问题之前，其思维处于非逻辑思维状态，非逻辑思维就像天空中自由展翅的鸟，无拘无束地自由飞翔，即思维主体的思维处于自由浪漫而又杂乱无章的状态。但无序的自由思维状态不会无休止地维持下去，当思维主体的思维运行到一定的时候，就会从中捕捉到某个闪光点，无序的思维就会转化为抽象思维。这时，抽象思维中的同一律、矛盾律与排中律对思维的发展起着重要的引导调控作用，凭靠逻辑规律的引导才会明确创新的目标，才会有创新的发现。例如，同一律具有客观性和必然性，它强制性地规范着思维主体的正确思维。引导和调控思维主体在研究出结果之前，思维研究的创新必须专注于一个中心，不能随意转移到其他问题上，否则，会走入思想的误区，远离创新目标。矛盾律的作用是保证思维主体对思维的前后一贯，任何包含逻辑矛盾的思想都是不符合实际的，必须遵守矛盾律的要求，将逻辑矛盾排除之后，才能得到创新或新发现。如著名物理学家亚里士多德的"物体下落的快慢与物体自身的重量成正比"的观点，把人们的思维锁定近两千年，而伽利略却发现了其中的逻辑矛盾并将其排除，由此发现了自由落体定律。这个创新的发现，正是运用了抽象思维中的矛盾律结果。排中律是人们认识事物、发现真理的一个必要条件，因为任何正确的认识都同思想上的摇摆不定、闪烁其词是相互排斥的，当问题是两个相互否定的思想时，排中律就要求人们选其一为真。如不选择的话就会造成含混不清，无法得到正确的认识，也不可能得到创新性的认识。

(2)直接产生创新结果。抽象思维方法主要有假说、类比、归纳等。假说就是根据已知的科学事实和科学原理，对所研究的各种现象及其规律性提出的推测和说明，得到一个暂时的但可以被接受的解释。假说使一个新的事实被观察到了，使得过去用来说明和它同类的事实的方式不适用了，从这一瞬间起，就需要新的说明了。进一步的观察材料会使这些假说纯化，取消一些，修正一些，直到最后纯粹地构成定律，产生创新的结果。类比即从两个或两类对象具有某些相似或相同的属性事实出发，推出其中一个对象可能是有另一个或另一类对象已经具有的其他属性的思维方法。由这种方法所得出的结论，虽然不一定很可靠、精确，但富有创造性，往往能将人们带入完全陌生的领域，并给予许多启发。通过类比思维，在类比中联想，从而升华思维，既有模仿又有创新。发明创造中的类比思维，不受通常的推理模式的束缚，具有很大灵活性和多样性，是一种或然性极大的抽象思维方式。它的创造性表现在发明创造活动中人们能够通过类比已有事物开启创造未知事物的发明思路，其中隐含触类旁通的含义。所谓归纳，是指从许多个别的事物中概括出一般性概念、原则或结论的思维方法，是从个别事实中概括出一般原理的思维方法。它从对个别事实的考察中，概括出其中的一般规律性，然后概括到同类事物上，并从而断定，这个由个别事物中概括出的规律，也是该同类对象的共同规律。这是从个性中寻求共性的思维方法。它能够从大量观察、实验得来的材料中发现自然规律，总结出科学定理或原理；它也能够从科学事实中概括出一般规律，提出新的科学假说和理论。

（3）准确表达创新结果。抽象思维与人们的日常思维、语言表达、交流、推理论证等有密切联系。从抽象思维规律对准确表达创新结果的作用看，同一律强制地规范着创新者的正确思维，同时通过规范对思维过程或思维成果的语言表达来保证思维的同一性；矛盾律规定了创新者保证思维的前后一贯，在表达的创新结果中，相互否定的思想不能同时为真，必有一假，否则它就不是一个完善的理论，没有逻辑矛盾的新理论才是创新的或新发现的结论；排中律也对创新结果的表达有着重要的作用，它规定了创新结果的表达"在同一思维过程中，相互矛盾的思想不能同时为假，必有一真"，如果含糊其词，表达不清，就不是创新的结果。

我们再从抽象思维方法角度看。创新主体必须运用逻辑方法对创新的结果提出新的概念，并作出明确的界定和分类。概念的逻辑方法涉及定义、划分、限制和概括。定义是揭示概念内涵的方法，它可以消除或限制语言的模糊性和歧义性。划分是把属概念所包含的种概念揭示出来，进而明确属概念外延的逻辑方法；限制是通过增加概念内涵以缩小其外延来明确概念的逻辑方法；概念的概括则是通过减少概念的内涵以扩大其外延来明确概念的逻辑方法。运用概念做出判断、进行推理、论证创新结果，确保创新结果表达的科学性和准确性。

（四）抽象思维的形式

抽象思维是人们在认识活动中运用概念、判断、推理等思维形式，对客观现实进行间接的、概括反映的过程。概念、判断、推理的思维形式是抽象思维的重要特征，属于理性认识阶段。

1. 概念

概念是反映思维对象的特征及本质属性的思维形式，是反映事物本质属性的思维产物。概念所反映的对象的本质属性，称为概念的内涵，是概念的质。概念所指的属性对象称为外延，它是概念的量。概念的内涵与外延是互相制约的。一个概念，内涵确定了，外延也随之确定了；外延确定了，在一定条件下内涵也随之确定了；概念的内涵增加了，其外延就缩小了；反之，概念的外延扩大了，其内涵就减少。任何概念都是内涵与外延的统一体。抽象思维凭借科学的抽象概念对事物的本质和客观世界发展的深远过程进行反映，使人们通过认识活动获得远远超出靠感觉器官直接感知的知识。科学的抽象是在概念中反映自然界或社会物质的内在本质的思想，它是在对事物的本质属性进行分析、综合、比较的基础上，抽取出事物的本质属性，撇开其非本质属性，使认识从感性和具体进入抽象，形成概念。

概念和词语有密切的联系，任何一个概念都要借助词语来表达，词语是概念得以产生、存在、交流、发展的基础。二者除了有密切联系，其区别如下所述：①二者所属的研究领域不同。概念属逻辑学（或思维学）研究领域，词语属语言学研究领域。②二者和人类的关系不同。概念具有全人类性，不受民族、地域影响；词语具有民族性、地域性，不同民族、地域的词语存在差异。③二者语义含量不同。词语除基本语义外，还会有引申义、转用义、感情和语气等色彩；概念则只有逻辑含义。④二者之间具有不对应性。有的词语表达概念，有的不表达概念，如介词、连词、助词等虚词就不表达概念；有的词语可表达多个概念，如"浅"可表达上下距离、学识、感情、颜色、阅历等方面的程度，但从抽象思维角度说，这是五个不同的概念；有的概念可用多个词语表达，如"父亲"这个概念可用来表达的词语就有父亲、爸爸（爸）、爹爹（爹），还有不同方言区、不同民族、不同国家语言的表达词语。任何概念都是确定性和灵活性的统一。

训练学生学习和运用概念进行抽象思维时，要提醒他们注意概念和词语的联系与区别，要把词语教学同概念教学有机地结合起来。既要从词语的角度讲清它的意义，又要从概念的角度讲清它的内涵与外延，并尽量通过具体化的方法让学生逐步达到对概念的本质性理解。为此，指导学生学习掌握和运用概念要从以下几方面着手。首先，要求学生丰富自己的感性材料，这是掌握概念的基础。在语文学习中丰富感性材料的方式有直接感知和利用已有知识经验等，如"含露乍开""波光粼粼""巍峨""挪动"等概念，通过直接感知就能较好地掌握。又如"商品"就是用来交换的劳动产品；"叔叔"是与父亲辈分相同而年龄比父亲小的男子。这是通过利用已有知识经验，回忆与新概念有关的事物，唤起和活跃头脑中已有的具体事物的表象就能掌握的概念。其次，要明确这个概念的内涵与外延，从而掌握精确的概念。精确的概念是正确思维的首要条件，没有精确的概念，就不会有恰当的判断和推理、论证。如"律诗"这个概念，就要明确，其内涵是"诗歌的一种，形式有一定规格，音韵有一定规律，若有变化，需按一定规则"；其外延是"律诗常见的形式有五言、七言的绝句和律诗。词、曲每调的字数、句式、押韵都有一定的规格，也可称为格律诗。"对于一些意义相近或类似而常常混淆不清的概念，可以通过比较分清它们的异同，了解它们之间的关系来明确。由于词语和概念的密切关系，同义词的辨析也是如此。如"涣然冰释"与"冰释前嫌"，前者的"涣然"指流散的样子，"释"指消散，像冰遇热消融一样，涣然冰释形容疑虑、误会、隔阂等完全消除；后者的"释"指释放、融化，"前嫌"指以前的过错、误会等。前者多用于疑虑、误解，后者用于人与人之间的矛盾。概念的明确不仅是正确思维的前提，也是语句通顺的前提。再次，要及时给概念下定义，即在理解的基础上，用简练的语句揭示概念的内涵和外延，这是掌握概念的重要方法。在语文学习中，应强调在对概念理解的基础上，对概念下定义，切忌死记硬背。以学习句群为例，列出几个复句、句群进行分析、比较。其共同之处：都可以借助关联词语组合，或借助语序组合，句子(分句)之间在意义上有一定联系，在结构上有相对的独立性。不同之处在于句群的句间用的是句末标点(句号、问号、叹号)，复句的分句间用的是句中标点(逗号、分号)，句群较少使用成对搭配的关联词语，单用一个关联词语时，它一般不出现在句群的第一个句子，复句则相反。这样，句群的本质特征就可抽象出来了，在这基础上再进一步概况出句群的定义，即句群是前后衔接连贯，有一个明晰的中心意思的一组句子。这样，我们对句群的掌握就深刻了。最后，要在实践中运用概念。掌握概念的目的就是运用概念进行正确思维，以解决实际问题。通过运用概念解决问题，反过来又能促进概念的牢固掌握，使之对概念有更全面、更深刻的理解与掌握。在语文学习中，可指导学生通过选词填空、造句、改错、词义辨析等形式进行练习。同时，还要注意概念的变化(一词多义现象)。中学生在运用概念的实践中常犯的错误有分类不当和指代不明两种。

2. 判断

判断是对思维对象是否具有某种属性以及事物之间是否具有某种关系的肯定或否定的思维形式。它是在概念的基础上发展起来的一种更高级、更复杂的思维形式。概念与判断在抽象思维中是密不可分的。概念是浓缩的判断，判断是展开了的概念。表达概念的是词语，表达判断的是句子，判断与语句也是密不可分的。判断是句子的逻辑内容，句子是判断的表达形式。判断与句子的这种密切关系，决定了培养学生的判断能力要与句子的语法相结合。例如，简单判断(直言判断)的表达形式是单句，包括判断句、反问句等；复合判断的表达形式是复句，其中，联言判断的表达形式是并列复句、递进复句和转折复句；假言判断的表达形式是假设复句、条件复句；选言判断的表达形式是选择复句。判断不当是中学生在说、写训练中常常会犯的毛病，如自相矛盾、主客颠倒、照应不周，以及多重否定引起混乱等语病。由于现行的中学语文教材取消了逻辑知识短文，因而有关判断的知识和能力的培养，就主要靠结合句子的语法教学来进行。具体来说，教学单句，应该尽量渗透简单判断的知识；教学复句，应该尽量渗透复合判断的知识；做修改病句的练习，应教学生不仅能从语法上看出句子的毛病，也要能够从逻辑上分析出问题的所在。这样就可以使学生的语法能力和逻辑判断能力同时得到提高。

3. 推理

推理是指由一个或几个已知的判断(前提)，推导出一个新判断(结论)的思维形式。推理和概念、判断一样，是人们在日常生活、学习和工作中经常运用的一种思维方式，它与概念、判断互相联系。其作用是从已知的知识得到未知的知识，特别是可以得到不可能通过感觉经验掌握的未知知识。推理由前提和结论组成。推理所依据的已知判断就是前提，前提通过推理得到的新判断就是结论。前提与结论的关系就是理由与推断、原因与结果的关系，比如"所有的商品都是劳动产品(已知的判断——前提)，电视机是商品(已知的判断——前提)，所以，电视机是劳动产品(新判断——结论)"。推理有以下几种基本形式。

(1)演绎推理法。演绎推理是指由普遍性的前提推出特殊性结论的推理。演绎推理有三段论推理、假言推理和选言推理等形式。

第一，三段论是演绎推理中最常见的形式，其意义是由普通的原理到特殊事实的推理，即以普通的原理为前提，以特殊事实为结论。如：

人固有一死(大前提)；苏格拉底是人(小前提)；故苏格拉底一定会死(结论)。

在这个三段论推理中，大前提和小前提都是已知的判断，结论则是一个新的判断。运用三段论推理必须遵守两个基本条件：一是大前提和小前提的判断必须是真实的；二是推理过程必须符合正确的逻辑形式和规则。如果前提不真实，就不可能得出正确的结论。运用三段论推理还必须遵守两个规则：第一个规则是中项至少在一个前提中是周延的。中项是指在大小前提中都出现，并把大小前提中的事物联系在一起而在结论中不出现的词句。如："一切比重小于水的物体都能浮在水面上；所有的船都能浮在水面上；所以所有的船比重都小于水。"这个例子中："浮在水面上"就是中项。周延是指在判断中，所论及的概念包括了这一概念的全部外延，否则称为不周延。在这一例子中，大前提不能反过来说："所有浮在水面上的物体比重都小于水。"也就是说，"比重小于水的物体"只是"浮在水面上"的物体中的一部分而不是全部,所以在大前提中"浮在水面上"的概念不周延。同样,在小前提中,更不能说"浮在水面上的物体都是船",所以中项在小前提中也不周延。这样,当然不会有正确的结论。第二个规则是中项只能有一个。

第二,假言推理是演绎推理的另一种形式。它是以假言判断作为大前提,以直言判断作为小前提来推出结论的推理形式。其意义是运用普遍原理来解决特殊的具体问题。例如:

A. 如果谁骄傲自满,那么他就要落后;小张骄傲自满,所以,小张必定要落后。

B. 只有年满十八岁,才有选举权;小周不到十八岁,所以,小周没有选举权。

假言推理包括充分条件假言推理和必要条件假言推理。充分条件假言推理:一个前提为充分条件假言判断,另一个前提和结论为直言判断的假言推理,如A。必要条件假言推理:一个前提为必要条件假言判断,另一个前提和结论为直言判断的假言推理,如B。假言推理是通过假说的方法研究自然规律的思维形式,即运用已知的事实或规律,对未知的事物规律性所作的假定性说明。我们在学习中,都会大量应用假言推理。

第三,选言推理是演绎推理的第三种形式。选言推理的大前提是选言判断,小前提和结论都是直言判断。选言推理包括相容的选言推理和不相容的选言推理两种。在运用选言推理过程中,只有大前提中的两个选言肢不相容,也就是说只有在"非此即彼"的情况下,才能用否定一个选言肢的方式,而肯定另外一个选言肢。如:"李敏是教师或者是律师,她不是教师,所以,她是律师。"(正确的相容选言推理)

如果是相容的选言判断,不是"非此即彼",而是第三种情况,就无法得出肯定结论。如:李敏是教师或者是律师,她是教师,所以,她不是律师。(错误)

不相容选言推理就是以不相容选言命题为前提,根据不相容选言命题的逻辑性质进行的推理。例如:

A. 要么小李得冠军,要么小王得冠军;小李没有得冠军,所以,小王得冠军。

B. 要么去桂林旅游,要么去海南旅游;去桂林旅游,所以,不去海南旅游。

例A是不相容选言推理的否定肯定式;例B是不相容选言推理的肯定否定式,这两个推理都是符合推理规则的,所以,都是正确的。

(2)归纳推理法。归纳推理是指由特殊的前提推出普遍性结论的推理,即由特殊到一般。归纳推理有：完全归纳推理、不完全归纳推理、探求因果关系法和类比推理法等形式。

一是完全归纳推理。又称"完全归纳法"，它是以某类中每一对象都具有或不具有某一属性为前提，推出以该类对象全部具有或不具有该属性为结论的归纳推理。完全归纳推理的前提无一遗漏地考察了一类事物的全部对象，断定了该类中每一对象都具有（或不具有）某种属性，结论断定的是整个这类事物具有（或不具有）该属性。也就是说，前提所断定的知识范围和结论所断定的知识范围完全相同。因此，前提与结论之间的联系是必然的，只要前提真实，形式有效，结论必然真实。完全归纳推理是一种前提蕴涵结论的必然性推理。

完全归纳推理在日常生活中经常用到。如"这批彩电全部合格""某校的语文教师全都获得了高级教师的任职资格"等结论，都是通过完全归纳推理获得的。概括地说，完全归纳推理的作用主要有二：一是具有认识作用，它的前提是个别性知识的判断，而结论则是一般性知识的判断，也就是说，完全归纳推理能使认识从个别上升到一般；二是具有论证作用，由于完全归纳推理是一种前提蕴涵结论的必然性推理，因而人们常常用它来证明论点，反驳谬误。在语言表达上，常用的句式有："所有……都是……""每一个……都是……""没有一个……是……"由于其结论必须在考察一类事物的全部对象后才能作出，因而完全归纳推理的适用范围受到局限。

二是不完全归纳推理。这是指以对某类事物中部分对象的判断为前提，推出关于这类事物的全体对象的判断做结论的推理，即在没有考察全部个别情况的基础上就作出一般性结论的推理方法。例如高中课文《记念刘和珍君》《小狗包弟》等写人物的优秀品质，不需要烦琐地记流水账，只是举出几个典型事例就能表现主题。由于完全归纳推理具有一定的局限性和不可实现性，通常的做法是在集合中抽取少量或具有代表性的元素，例如：某校三年级同学学习成绩均良好。在这个判断下，归纳者若遵循不完全归纳推理原则，则可以随机抽出该年级部分同学，通过对这些抽取的要素进行调查，就可以得出一个大概的结论，从而肯定或是否定原命题。在归纳推理中，完全归纳推理是不多的，不完全归纳推理则是大量的，但却不能断定推理是否正确。在语言表达上，常用的句式有："大多数……是……""有些……是……""很多……是……""一些……是……""一些……不是……"。

（3）探求因果关系法。探求因果关系是抽象思维形式中的一种推理方式。探求并揭示各个研究领域的因果关系，是各个学科门类的任务。几种探求因果关系的初步的、比较普遍适用的逻辑方法有如下几种。

第一，契合法。又称求同法，是指如果被研究对象在不同场合出现，而在各个场合的诸多先行情况下，只有一个情况是这些场合共同具有的，则这一个唯一的共同情况与被研究对象之间就有因果联系。即同一个结果在各个不同场合出现，而在不同场合中只有一种情况是共同的，那么这个共同情况就有可能是引起该结果的原因。例如：在寻找人患肺癌的原因时，抽样调查一组患了肺癌的病人，比较他们的某些方面，发现他们只有一个方面是相同的，那就是他们都爱抽烟；而其他方面，如饮食习惯、职业工作环境、居住条件、性格爱好等都不同。由此可以得出结论，即抽烟是患肺癌的原因。

契合法的明显特点是异中求同契合。它要求：一是不同场合出现的结果相同；二是先行情况中只能有一个情况是共同的（指直接与结果有关的情况）。实际上，契合法的前提与结论之间的联系是或然的，结论不是必然可靠的。因而运用这种推理方式有一定的局限性：①可靠程度有局限性。运用契合法寻找事物的因果联系，其结果是或然性的，必须用其他科学方法、逻辑方法加以验证。②适用范围有局限性。契合法适用于探求比较简单的因果关系，如一因一果关系、单因一果关系（由许多原因中的某一因素单独起作用就能引起结果）；不太适合于探求合因一果关系（指许多原因共同起作用才能引起结果）以及其他比较复杂的因果关系。

第二，差异法。又称求异法，是指被研究对象的结果出现或不出现的两个场合中，其他先行情况相同，只有一个情况不同，这一情况存在，某种结果出现；这一情况不存在，某种结果不出现。这个情况就是被研究对象的原因。

差异法的明显特点是同中求异。在运用差异法进行推理时要注意：第一，先行情况中只能有一个情况不同。所以，把正、反两种场合进行对比时，既要注意研究已知的不同情况，也要注意发现可能潜在的其他不同情况，后者也可能是事物存在的真正原因。第二，通过差异法得到的原因，可能是被研究对象产生的全部原因，也可能是被研究对象产生的部分原因。

第三，契合差异法。又称契合差异并用法，是指在对研究对象进行探求因果推理时，把契合法和差异法同时并用的一种思维方法。

契合差异法有两个基本原则：一是契合——某个现象以不同的形式出现，所共有的因素很可能就是该现象的原因；二是差异——只在某个现象发生的时候出现的因素很可能是该现象的原因。它的特点是两次运用契合法和一次运用差异法。契合差异法的求异是从正反两组事例求异。例如：李强和赵峰在周五下午的比赛中发挥不好，输给了实力稍差的周金生和张立群。教练想知道为什么，就去弄清每个队员赛前做了什么。得到的情况是李强和赵峰在周四晚上参加派对很晚才回来，而周金生和张立群没有参加那晚的派对。教练的结论是周四晚上参加派对导致李强和赵峰发挥不好。尽管契合法和差异法可以单独使用，但组合使用得出的结论可靠性更大。

第四，共变法。这是指如果某一现象发生一定程度的变化，另一现象也随之发生一定程度的变化，即一现象的量变引起另一现象的相应的量变，那么前者就可能是后者的原因。

共变法是从现象变化的数量和程度方面来判明因果关系的。这种推理方法与前几种推理方法的不同点在于它从定性分析转向定量分析。在运用共变法进行推理时要注意以下三点：一是在多种因素同时发生变化时，很难运用共变法探求因果关系；二是具有共变关系的两种现象不一定都有因果关系；三是两个现象之间的共变关系有一定的限度，超过限度，共变关系就会发生变化。

(4)类比推理法。类比推理又称类比思维，是根据两类不同对象的某些属性相同或相似而推出其他属性也可能相同或相似的逻辑方法和思维形式，即从一个对象的属性推出另一对象也可能具有这属性。这种思维形式也称为"相似思维"。类比思维是一种或然性极大的逻辑思维方式，它的创造性表现在发明创造活动中人们能够通过类比已有事物，开启创造未知事物的发明思路。它把已有的事和物与一些表面看来与之毫不相干的事和物联系起来，寻找创新的目标和解决的方法，如飞机与鸟类，飞机与蜻蜓，我国鲁班受茅草割手的启发而发明木锯，等等。近代仿生学的许多发明创造，都是受生物某些结构和功能的启发而得到的。所以类比思维在创造性思维中居于重要的地位，具有联想、启发、假设、解释和模仿等多种功能，对于创意主体的灵感和直觉思维的产生都有不可忽视的作用。在语文课程的议论文课文中就较多运用这种类比推理。如苏洵的《六国论》就借古讽今把六国与北宋放在一起类比，二者皆是采取屈辱求和的对外策略，通过充分分析六国破亡的原因，从而劝谏北宋统治者吸取历史教训，以六国为鉴，对辽、西夏的侵犯奋起反抗。

类比推理包括具体类比、情感类比和抽象类比。具体类比是事物或事件之间具体特征的类比，就是根据事物某一点相同或相似把原来极不相关的事物联系在一起而产生类比，即比喻。比喻作为文学中的常用方法运用在科学技术中便具有了一些新的特点：它不仅是一种表达方式，而且还带来了新的体验和理解，使得能从一种全新的角度去看待旧事物；它还能带来解题的新思路，因为比喻具有双向作用，可借用被借用事物、事件的特点去解决被比喻的问题。例如"喻证法"就是用比喻来说明道理的一种论证方法。抽象类比就是利用语词和概念进行类比。语言是储藏信息和隐喻的巨大仓库，语言的相关潜力可以通过各种各样的方式得到扩展、丰富，如流水账、沟通网络、作业瓶颈、精神崩溃等，都包含着极为丰富的隐喻。

类比推理具有激活想象力、启示性和提高猜想可靠度等特点。适当的类比能使创意主体产生合理的联想，激发创意主体的想象力去打破传统思想的束缚。类比推理具有重大的启示功能，在创意过程中，往往一个问题弄清楚了，就可以为类似的一大批问题的解决提供合理的启示。依靠类比推理，利用已经确证了的规律性的知识，推广到与之类似的领域或对象上去，则可以大大提高假说的可靠性程度。例如谐音修辞法，就是运用语音相同或相近的类比推理，这是人们常用的思维方式。比如，有人不小心把杯子打碎了，这本不是好事，为了避讳，他会马上就说"岁岁（碎碎）平安"；要是再打了一个杯子，就会说"好事成双"。同样，吃饭时不小心掉了筷子，人们马上就会说"快乐（筷落）快乐"。又如，蝙蝠的长相不见得讨人喜欢，实际上没人会喜欢它，可是人们取其有"福（蝠）"，所以，蝙蝠常常出现在各种吉祥图案中。还有把"棺材"当作吉祥物的，是取其"升官发财""有官有财"之意。有一种木雕形为荷花上爬着一只螃蟹，荷花和螃蟹——"荷蟹"即和谐之谐音。在日常生活中人们往往也运用类比推理来说明一个道理。我们通常说"以己及人"或"推己及人"，即通过类比推理才能对自己以外的人、事和物有所了解。每个人都只能直接地了解他自己，都只能知道自己处于某种境地，有某种知觉、生某种情感。至于知道旁人旁物处某种境地、生某种情感时，则是凭自己的经验类比推测出来的。

在语文学习中使用类比推理要注意：类比与被类比的事物所共有的已知属性越多，推出的结论正确性就越大；类比与被类比的事物不能相互矛盾；类比与被类比的共有已知属性内在联系越紧密，其共有的另一属性越可能相同；要注意类比项与类比点对等对应。

（五）抽象思维的基本规律

抽象思维的基本规律是同一律、矛盾律、排中律和充足理由律。

1. 同一律

同一律是指在同一思维过程中，思维必须保持同一性、确定性。即运用概念或判断时要保持确定的内容，不能偷换它的意义。同一律是其他三个基本规律的基础，它要求思维必须具有确定性。一个命题如果代表的是某个事件，它就必须始终代表这一事件。如果这一事件是事实，那么该命题就是真的；如果命题代表的事件不是事实，那么命题就是假的。因此同一律认为，一个命题必须有确定的真值，如果是真的那么它就是真的，如果是假的那么它就是假的。同一律还要求，一个词项如果指称某个对象，它就必须始终指称这个对象。它具有确定的外延和内涵，并始终保持同一的外延和内涵，即保持自身同一，否则就是违反了同一律的要求，就会产生逻辑错误。这样的逻辑错误主要有如下两个方面：

（1）混淆词项。这是指在同一思维过程中，没有定义、不加说明地用同一个语词表达不同的含义，指称不同的对象所犯的逻辑错误，又称为混淆概念。以同一语词表达不同的词项，或者说赋予同一语词以不同的含义，是这种逻辑错误的典型表现。我国汉语中，同一语词往往可以表达多种不同的含义，指称多种不同的对象，这就是语词的多义性与歧义性，它导致了语词相同但表达的词意不同的现象，使混淆词项（混淆概念）这种逻辑错误的产生成为可能。如有一个笑话：古时有一个人的裤子弄破了一个洞，他就买了新布，回家让妻子为他做一条新的裤子。妻子问他怎么做，他说"照原样"。于是他妻子把裤子照原来的样式做好后，在裤子原样的地方照样剪了一个洞。笑话中这个人的妻子是无意地违反了同一律。"原样"在丈夫那里指的是原来的样式、尺寸，绝不是要有破洞的原样。在使用语词表达词项、指称对象时，如果是无意地违反了同一律的要求，所犯的错误就称为"混淆词项"或"混淆概念"。如果是故意违反同一律要求以达到某种目的，就称为"偷换词项"或者"偷换概念"。两者的区别只在违反同一律的动机上而不在形式上。两个例句中前例显然是有意通过"偷换概念"来制造幽默效果的，后例是"混淆概念"产生的错误。

在语文学习中，学生使用概念违反同一律的情况比较多见，尤其是在义务教育阶段的学生。在作文中，他们有时把一个词所表示的两个概念混淆为同一个概念，中途转换其含义，犯了"混淆概念"的逻辑错误；有时把字面相近而实为两个概念的语词拿来互换，如"盗窃罪是应当判刑的，小偷是盗窃行为，也应当判刑"。把"盗窃罪"与"盗窃行为"两个相似概念混为一谈，以致犯了混淆概念的逻辑错误。这都是由于学生对概念含义理解上的模糊不清，造成了使用过程中的意义不稳定引起的。要使学生学会保持概念的同一性，就必须重视把词语教学和概念教学结合起来，使学生能够逐步明确每个概念的内涵和外延。学生真正理解了概念的含义，在使用概念时就能够避免发生违反同一律的逻辑错误。

（2）混淆论题。这是指在同一思维过程中用一个似是而非的论题来代替原来的论题的逻辑错误，即把表面相似而实质不同的两个论题当成了相同的论题。学生在作文训练中，经常出现的混淆论题的表现主要是：主题模糊、文不对题；头脑中没有一个明确的中心，信手写来，东拉西扯；主题不集中，或中途转移论题，或偏离中心，或所用材料与主题不一致。要使学生避免混淆论题的逻辑错误，教师就要教学生能够对所确定的主题及所使用的概念保持同一性，要有一个明确的主题，并且能够紧扣主题去记叙、说明或议论，做到同一思想前后一贯，保持思想的确定性，针对上述表现加以纠正。

人们在对客观事物进行思维时，每一思维都有其确定性，都必须保持同一。也就是说在同一思维过程中，既不能前后不一致，随意改变，转移论题，也不能在使用概念时，概念的含义和使用范围前后不一致，混淆或偷换概念。只有这样，论证才能紧扣中心论点，不至于出现离题、偏题的现象。例如，把"勤奋是成才的决定因素"论证成"勤奋是成功的决定因素"，把"做热爱集体的模范"论证成"做热爱祖国的模范"，把"祸患常积于忽微"论证成"知识也在于积累"，等等，都是由偷换概念而转移论题，违反了思维的同一律。

值得注意的是，我们对同一律必须有正确的理解。同一律只是要求在同一时间从同一方面对同一对象的认识是同一的。时间变了，反映事物的概念、命题发生变化并不违反同一律。同一律既不否定客观世界本身的运动性、发展性、丰富多彩性，也不排斥人们在认识客观世界时所持有的辩证唯物主义的观点。

2. 矛盾律

矛盾律是保证思维不矛盾的规律。它是指在同一思维过程中，思想要无矛盾性，必须前后一致，首尾一贯。就命题而言，由于在同一时间同一关系上一个事件不可能既存在又不存在，因此我们不可能对同一命题作出不同的断定，不能既断定它真，又断定它假。由此矛盾律要求：在同一思维过程中，两个互相否定的命题不可能都真，必有一个是假的。不得同时对两个互相反对或互相矛盾的判断都肯定为真，否则就会导致自相矛盾。矛盾律是从否定方面肯定同一律，它是同一律的反证。违反矛盾律的逻辑错误是"自相矛盾"，即肯定了两个不可同真的思想。例如，有人说："这些指标，我们基本上完全达到了。"这句话就存在自相矛盾之处，原因是在一句话中，同时运用了两个互相矛盾的判断，即"基本上达到"和"完全达到"，"基本上达到"就不是"完全达到"，两者必有一假。

违反矛盾律要求而产生的逻辑错误称为"自相矛盾"，如"那个青年将近 20 多岁"。句子中表述的"将近 20 岁"与"20 多岁"是两个互相反对的关系，对二者同时肯定为真，就犯了"自相矛盾"的错误。

我们对矛盾律也必须有正确的理解。它并不否认客观事物存在现实矛盾。矛盾律只是要求在同一时间从同一方面对同一对象的认识不能自相矛盾。如果在不同时间或从不同方面对同一对象得出两个相反的认识，这并不违反矛盾律。例如，几年前说"那个青年将近 20 岁"，几年后又说"那个青年 20 多岁"。这并非自相矛盾，是时间变化了。又如："雷锋是平凡的，又是伟大的。""平凡"指他的工作和事迹，"伟大"则指他的精神和意义。这些都不是自相矛盾的。遵守矛盾律，就是要教会学生能够自觉克服同一思维过程中的自相矛盾或逻辑矛盾，保持同一思想的前后一致性。学生作文中违反矛盾律的情况大量表现为语句判断中的自相矛盾。有的是同一个判断前后概念互相矛盾，如"他的意见基本上完全正确""14亿中国人民自古以来都是勤劳勇敢的"等；有的是同一对象因宾词同时表示肯定和否定造成自相矛盾，如"思想好是指思想觉悟的高低""尊敬老师是懂不懂礼貌的问题"等；有的是前后判断在某一方面的意思上自相矛盾，如"我们班个个同学都很遵守纪律，只有小刚一人纪律性较差"等。违反矛盾律的情况也表现为文中题材与中心思想之间的逻辑矛盾，材料与观点如论据与论点之间的逻辑矛盾、部分思想与整体思想如分论点与总论点之间的逻辑矛盾，部分思想与部分思想，如分论点与分论点或论据与论据之间的逻辑矛盾等。为了培养学生思维的严密性，针对上述情况，一方面应该通过句子的语法讲解和训练，使学生逐步做到用词准确，词语搭配恰当，排除句中的逻辑矛盾；另一方面应该通过篇章的教学和写作训练，使学生逐步做到以观点统率材料，以材料说明观点，整体思想与部分思想及部分思想之间相一致，排除文中的逻辑矛盾。

3. 排中律

排中律是指在同一思维过程中排除第三种可能的思维规律。即在同一思维过程中，对同一事物的两个互相矛盾的判断必须作出明确的选择，肯定其中的一个而否定另一个。因为两个互相矛盾的判断，不能同假，必有一真，必须肯定其中之一，而不能有第三种选择。"排中"就是排除第三者的意思。如果不遵守排中律，在是非面前就会犯模棱两可或含糊其词的逻辑错误。例如，"有个人理想不好，没有个人理想也不好"。句中对同一事物的两个互相矛盾的判断没有作出明确的选择，违反了排中律的思维规律，犯了含糊其词、模棱两可的逻辑错误。

我们在运用排中律时要注意对它要有正确的理解。排中律所适用的一般来说是具有矛盾关系的命题，但也有一些特殊情况。如两个命题，由于它们具有下反对关系，不可能都假，因此也必须断定其中一个为真。例如"有的中国人喜欢喝茶"与"有的中国人不喜欢喝茶"二者不可能都是假的，必有一个为真。我们否定其中的一个为真，就必须肯定另一个为真。但由"有的中国人喜欢喝茶"为真，却不能确定"有的中国人不喜欢喝茶"的真假。排中律的作用在于保证思维表述的明确性。只有遵守排中律的要求，才能正确地进行思维表述，才能正确地进行思维。因此，排中律是正确思维的必要条件。此外，排中律也是间接论证的逻辑依据，当我们难以从正面去证明某个命题时，常常可以通过证明该命题的矛盾命题或具有下反对关系的命题为假，从而由不能都是假的特征推出原命题的真。要正确地运用或理解排中律，首先，要注意排中律同逻辑形式的其他基本规律一样，都是在一定的条件下才能产生影响的。固然每一条基本规律都有自己特殊的条件，但决不可以因此忽略它们的同一时间、同一场合、同一关系、同一对象等这些反映同一思维过程的因素。例如，老师在课堂上提了一个问题，让全班 40 个学生中会回答的举手，结果大部分同学都举起了手。老师数了一下，有 28 位。接着，老师又让不会回答的举手，老师又数了一下，有 11 位。老师一想不对，就说：刚才还有一位同学两次都没有举手，是谁？请站起来。孙明站了起来。老师看着他说："我的问题你要么能回答，要么不能回答，你怎么能两次都不举手呢？你这不是违反逻辑的排中律，故意捣乱吗？"孙明说："老师，我都是按照你的要求来做的，怎么会是故意捣乱呢？当老师先提出会回答问题的同学请举手时，我因为还不会回答所以没举手。但当老师再提出不会回答问题的同学请举手时，我经过快速思考，已经知道如何回答老师刚才那个问题了，所以我也没有举手。"这里，老师的"会回答问题的请举手"和"不会回答问题的请举手"这两个看似正反两方面的判断题，就不是发生在同一时间，因而不适用排中律。孙明对这两个看似正反两方面的判断题都加以否定，却并没有违反排中律，不是故意捣乱。相反，老师因为没有考虑到自己的两个问题没有发生在同一时间，而机械地用排中律推断出孙明捣乱，其实是他犯了误用排中律的错误。其次，排中律并不否认客观事物本身状态的多样性，排中律所要排除的，只是人们在思维表述上的居中骑墙、模棱两可，使我们关于对象某一方面的思想表述成为明确的表述。再次，实际应用中，对那些因客观或主观条件尚不成熟，因而不能断定的问题，并不排除采取"二不选一"的表述方式。即认识对象还处于发展变化的过程中，人们从某一角度对其认识还不够确切，因此还不可能有定论，不能如排中律所要求的那样作出明确的回答，此时的"二不选一"的回答是并不违反排中律的。例如有人问："你在伤害他人的时候感到快乐还是也感到难受？"此时采取"二不选一"的回答是不违反排中律的，因为这是个复杂问语，是在疑问句中隐含了某种假设的，无论是回答"快乐"还是"难受"，你都实际上承认了那个隐含的假设，而客观上"伤害他人"这个假设对象并不存在。又如对"火星上有生命还是无生命?"这个问题,也是可以采取"二不选一"的表述方式,回答"不知道"的,因为主观上,人们的认识水平受科学技术的限制尚不能达到对火星真实情况的认识。

学生作文中出现违反排中律的情况一般有两种:一种是对问题的是与非、真与假认识不清。这尤其表现在对一些理论问题的认识上,由于学生理论知识和认识水平的限制,因而只好在两种互相矛盾的观点面前含糊其词或都持否定的态度。这其实就是学生对问题不懂,还不能回答。教师应该注意教育学生在对问题一时吃不透时不要盲目表态,做到既不含糊其词,所持观点又建立在认真分析和思考的基础之上。另一种是在评论某个人或某件事时,涉及个人的利害或情面。这种情况多表现在对班上的一些人或事的评论上,学生常常会因为碍于情面而采取折中的态度。这就需要教育学生在是非面前要态度鲜明,不能为了顾及情面而是非不分。

4. 充足理由律

这个逻辑规律是指在同一思维和论证过程中,一个思想被确定为真,总是有充足理由的,即提出的思想要有充足的理由来论证。这里包含两方面意思:第一,一切事物都有一个成因,这个成因决定了这个事物为什么会存在,为什么它是真实的,为什么它是这个样子而不是另外的样子。人们认识了这个成因,也就认识了这个事物。第二,事物的感性存在、直观存在并不重要,只有事物背后的成因才是最为重要、最真实的。由此可知,充足理由律的作用就是保证思维的论证性,要求对任何一个真实的判断都必须进行必要的论证,提出充足的理由来支持它。但必须指出,充足理由律本身并不能为人们提供真实理由。因为在一个论证中,理由究竟是真是假,这不能由充足理由律来确定,只能由实践和各门具体科学来解答。

充足理由律是前三条规律的必要补充。在前三条规律的基础上,保持了概念和判断的确定性之后,还要求更进一步指出判断与判断之间的联系具有必然性,具有论证性。在指出事物是什么之后,还要进一步解释事物为什么是这样,而不是那样。只有遵守四条逻辑规律,才能做到概念明确,判断恰当,推理有逻辑性和论证有说服力,才能判定一个思想是否合乎逻辑。违反充足理由律的要求,就会犯"理由虚假"或"推不出"的逻辑错误。"理由虚假"即以主观臆造的根本不存在的虚假判断作为理由依据进行论证。例如,有人提出:"人有一张嘴,两只手,嘴用来吃饭,手用来生产,手生产出来的东西总要超过嘴消费掉的东西,人口增长越多,生产产品越多,社会财富越多,人民生活越好。既然人口增长快是件好事，那么就不用限制人口的增长，生得越多越好。"这种论断显然是不对的。"人手多"根本就不是"生产产品多"的理由。所以，把"人多、产品就多"当作可以多生产人口的理由是一个典型的理由虚假错误。"推不出"即从理由推不出推断，理由与推断没有必然联系。例如，有个同学说："这次考试我一定能通过。因为，我对这次考试信心足，家里人也都鼓励我、支持我。"这句话中，从"信心足，家人支持、鼓励"是推不出"考试一定能通过"的。因为它们之间没有必然的联系，违反了充足理由律的要求，犯了"推不出"的逻辑错误。中学生在语文学习中违反充足理由律，造成理由与推断之间没有必然的联系的原因是多方面的，比如，主观臆想、以偏概全、以人为据、违反推理规则等，都能导致"推不出来"的错误。所以，要教学生在作文中对自己的观点必须有充足的理由来证明，要求学生们在实际生活中，学会认真分析，辨别真伪，少犯错误。

上述四个基本规律，分别要求人们在思维过程中必须保持思维论断的确定性、前后一贯、无矛盾性和论证性。这四个规律又不是孤立的，任何一个正确的结论都不能单靠一个规律而获得，而是各项规律相互作用的结果。在抽象思维中，只有自觉地遵守这些规律，才能保证思维的正确性，做出科学的结论。

二、在高中语文课堂教学中进行抽象思维训练的原则

在语文教学中对学生进行抽象思维训练，必须遵循两个原则：一是要根据学生的年龄特点来进行抽象思维训练；二是要结合语言的理解来进行抽象思维训练。

（一）根据年龄特点训练抽象思维

在语文教学中对学生进行抽象思维训练，必须以学生的年龄心理发展的阶段性特征为原则。高中阶段学生的书本知识、生活知识和社会活动体验的积累比小学阶段更加丰富，其形象思维越来越丰富、成熟，且其心智也日趋发展、成熟。在课程学习方面，中学生学习的科目也比小学生多而深。语文、数学、英语、思想品德等与小学相衔接的课程，内容加深了，知识面也拓宽了，与社会生活就会贴得更近了。此外还增加了几何、物理、化学、生物、计算机技术等课程，这些自然学科知识是推理性的，学习起来要接触较多的概念、推理和判断，需要运用更多的抽象思维。随着社会的进步，经济、文化、科技信息的飞跃发展，尤其是互联网技术的发展与生活化，中学生接触电视、手机等电子影像设备或 QQ、微信等社交通信软件的机会很多，获取知识的渠道已不限于学校、教师、教科书、

阅览室了，而是更多、更广泛。随着年龄、生活阅历的增长，中学生的人际交往面比小学阶段也更广，兴趣更广泛，更乐于参与各种社会活动。同时，也由于中学生阶段年龄心智发展的局限，他们对理解信息的概念，以及从情感态度与价值观方面对信息进行推理、判断，从而正确筛选信息、处理信息等方面的能力还很薄弱，很容易被鱼龙混杂的信息所误导。重视对中学生的抽象思维训练，有助于提高他们的思维能力，使他们能够在较短的时间内综合分析大量材料、处理众多信息，还有助于提高他们的学习效率。因此，在中学阶段我们应着重培养学生的抽象思维能力。

（二）结合语言理解训练抽象思维

语言是思维的工具，是思维的载体。离开语言，思维就无法进行。语文就是口头语言和书面语言的合称。故在语文教学中训练学生的抽象思维，必须遵循结合语言理解的原则。

1. 理解语词的概念意义

事物概念的表达需要借助语言形式，语词就是表达概念的外显形式。在语文学习中训练学生的抽象思维，就要指导学生在理解语词含义的同时，理解其所指称的事物概念的含义，包括其内涵与外延。

如前所述，语词和概念二者还是有区别的。区别之一是语义含量不同。语词除基本语义外，还有引申义、转用义、感情和语气等色彩；概念则只有逻辑含义。区别之二是具有不对应性。有的语词表达概念，有的不表达概念，如虚词类就不表达概念；有的语词可表达多个概念，而有的概念可用多个词语表达。任何概念都是确定性和灵活性的统一。训练学生学习和运用概念进行抽象思维时，要提醒他们注意概念和语词的联系与区别，要把语词教学同概念教学有机地结合起来。既要从语词的角度讲清它的意义，又要从概念的角度讲清它的内涵与外延，并尽量通过具体化的方法让学生逐步达到对概念的本质性理解。

要进行正确的思维，首先要理解语词的概念意义以达到明确概念，明确概念的方法有下定义、划分、限制和概括。

下定义就是用简洁的语词来揭示出概念的内涵。如："学校"是指专门对学生进行教育的机构。这是对"学校"这个词语的解释，也是"学校"这个概念的含义。划分是依据一定的标准，把一个属概念分为若干个种概念以揭示概念外延的思维方法。如"文学作品"可分为小说、诗歌、散文、剧本；"笔"根据质料的不同，可分为毛笔、钢笔、粉笔、铅笔、金笔、圆珠笔。限制，就是增加概念的内涵以缩小概念的外延，从属概念过渡到种概念的思维方法。如"人"，增加其"具有中国国籍"的内涵，就被限制成了"中国人"，外延就小了。这有助于明确和限制思维对象的范围，使语言表达明确、严谨。概括就是通过减少概念的内涵以扩大概念的外延，从种概念过渡到属概念的思维方法。如"人"，减少其"能够制造并且使用工具进行劳动"的内涵，就被概括成了"动物"，外延扩大了。概念的概括有助于掌握事物的共同本质。

2. 理解语句的判断意义

语句是表达判断的主要形式。判断作为一种思维形式，其存在与表达也都要依赖语句。如果没有语词和语句，人们就不可能进行思维，也就不可能形成概念、做出判断、进行推理。作为思维形式之一的判断就是由语句表达的。在日常语言表达中，人们既是在使用语句，也是在运用判断。若出现病句，除了有语法上的原因外，还有判断不恰当的问题。因此，弄清语句与判断之间的关系，理解语句的判断意义，准确把握语句表达判断的各种具体情况，对于有效地避免病句的产生、准确恰当地运用语言表达思想，具有重要的意义。

语句是判断的表达形式，判断是语句的思想内容。不依赖和不借助于语句的判断是不可能形成、存在和表达的。尽管语句与判断密不可分，但它们之间的区别还是很明显的。如前所述，语句具有民族性，判断则是一种思维形式，不具有民族性，或者说它具有全人类性；任何判断都必须用语句表达，同一个判断在不同民族语言中，是用不同语句表达的，但并非所有语句都表达判断；判断总对事物情况有所断定，而且总有真假，而语句却未必，其中陈述句、疑问句中的反问句、以陈述句为基础的感叹句（如"这座楼真高哇！"）等，对事物情况进行了断定，都有真假之分，因而都表达判断，但其他疑问句、祈使句、感叹句等，没有对事物情况进行断定，当然也无真假可言，都不表达判断。再有，不同的语句可以表达同一个判断，同一个语句可以表达不同的判断。

要准确表达思想，必须重视句式的选择，汉语的句子有单句和复句之分。根据判断本身是否包含其他判断，判断有简单判断和复合判断之别。一般来说，单句表达简单判断，复句表达复合判断。就单句与简单判断而言，主语与简单判断的主项（包括它前面的量项）相对应，谓语则与简单判断的谓项（包括它前面的联项）相对应。例如：

①所有团员都是青年。②有些党员是教师。③小王和小李是好朋友。

一般地说，简单判断一般都有质和量两个方面。"质"是指判断的主项和谓项的联系性质，"量"则指被断定事物的数量范围。判断的质表现为肯定和否定。在汉语中，肯定判断通常用肯定陈述句特别是带有判断动词"是"的判断句来表达，如上例。有时，也可以用不带"是"的陈述句来表达，如"孩子们非常高兴"。否定判断则常用否定陈述句表达，其语言标志有"不是""不""没有""无"等，如"小王不是教师""小李没有教师资格""有些人不自私"等。有时，为了增强表达效果，肯定判断和否定判断也可以采用反问句或多重否定句等特殊句式来表达。在日常思维中，人们要表达的思想往往是比较复杂的。为了把这些复杂的思想表述得更加准确严密，就常常需要把两个或两个以上的简单判断组合在一起构成一个复杂的判断，这就是复合判断。一般来说，复合判断的语言表达形式就是由两个或两个以上意义上相关、结构上互不包含的单句组成的复句。基于这一点，判断的等值（意思上跟这个判断是一样的判断，亦即全同关系）与句式选择之间有着极为密切的关系，即表达等值判断的语句同时又属不同的句式，供人们表达思想时选择使用。以假言判断的等值转换与句式的选择为例，有如下一组判断等值句式，对应的语句如：

①如果是一个好教师，则他一定热爱学生。

②只有他热爱学生，才是一个好教师。

③只有他不是个好教师，才不热爱学生。

④如果不热爱学生，那么他不是好教师。

这四个语句分属不同的句式，它们分别表达了上述互相等值的一组判断形式。它们从不同的角度揭示了"是好教师"与"热爱学生"之间的关系，又各有侧重。有的从正面强调，有的从反面强调；有的偏重于"是好教师"，有的又侧重于"热爱学生"，因而有着不同的表达效果，为我们从不同的角度表达对这一问题的认识提供了方便。

又如负复合判断的等值转换与句式选择。每一个负复合判断都有相应的语句表达形式，以负联言判断的转换为例，与之相应的语句表达如：

①难道作家不深入生活也能写出有价值的作品吗？

②作家或是深入了生活，或是不能写出有价值的作品。

③如果作家不深入生活，则不能写出有价值的作品。

④作家只有深入了生活，才能写出有价值的作品。

这四个语句的真值意义相同，但它们断定事物情况的角度不同，语句形式表现出来的情感态度也不一致。①句以反问句形式表达了一个联言判断的负判断。它否定了"作家不深入生活也能写出有价值的作品"这一观点，否定干脆，态度明确。且以反问形式否定，带有一种揶揄的语气，显得感情色彩更浓，反驳更为有力。②句表达了一个相容的选言判断。它断定"作家深入生活"与"不能写出有价值的作品"这两种情况存在的可能有三种：一是前者存在后者不存在，二是两者都存在，三是前者不存在后者存在。这样列出种种可能实际上等于排除了"作家不深入生活"与"能写出有价值的作品"这两种情况并存的可能。由于这种排除没有直接说出，就显得语气委婉，具有解释的意味。③句是从反面断定"深入生活"与"能写出有价值的作品"的条件关系。④句是从正面断定了这种关系。这两个句子从不同的角度突出了"深入生活"之于"能写出有价值的作品"的必要性，同样是排除了"不深入生活而能写出有价值的作品"的可能。

再如判断变形推理中的等值判断与句式选择。判断变形推理包括换质推理和换位推理。换质推理的前提与结论都是等值的。如：

A1. 你这个问题严重啊。A2. 你这个问题不是不严重啊。

B1. 白杨树不是平凡的树。B2. 白杨树是不平凡的树。

这两组等值判断也是肯定句和否定句。每一组中都有一个肯定句、一个否定句。肯定句语气偏重，干脆利落；否定句则显得语气平缓，委婉含蓄。不同语境下要选用不同的句式，才有好的表达效果。比如有个学生犯了错误却没有认识到，你把他找来，请他坐下说："你这个问题不是不严重啊!"把这个"严重"变成"不是不严重"，在意义上没什么两样，但变了个说法，听起来就缓和一点，就能和这个学生谈下去，就能够使这个学生认识到自己的错误。

有些语境下则要选用语气偏重的肯定句。换位推理的前提与结论也是等值的，如：

①任何真理都不是教条。②教条并非真理。

换位推理从语句来说就是句子成分的位置变化。由于句子主宾位置交换，句子所强调的重点便发生了变化。前者强调的是"真理"，后者则重点突出"教条"。两句话表达了互相等值的两个判断，其实是对事物从不同角度认识的结果，显示出人们认识的深度与广度。

从上面所举例子可以看出：判断的等值与句式选择之间有着非常密切的关系，根据判断等值的原理选取恰当句式表达，对我们的工作与交际也有着非常重要的意义。而且通过判断的等值转换可以扩大句式选择的范围，以供我们在不同需要下选用。

3. 理解语篇的推理方法

语篇是通过文本这一载体所传达的各种显性和隐性意义的总和。文本是指一篇语言材料在文字上的构成方式，它是以文字为单位的。概念含义、命题含义、语篇含义和语用含义这四种含义同时存在于语篇之中。语篇和文本有区别，又相互补偿。在阅读中，读者会根据语篇中明确表达的信息与自己的先前知识进行整合，发现语篇各部分之间的关联，得出语篇中没有明确表达而作者实际想要表达的信息，这样就产生了推理。推理是文本中没有明确提到却被激活的信息，或从语篇已知的语义信息中产生新语义信息的过程。推理不仅有助于读者在处理信息时提取知识，而且能促使语篇不同成分之间建立关联，进而形成完整而连贯的心理表征。可见，语篇理解在很大程度上取决于推理的产生，缺少必需和恰当的推理，理解就会不完全甚至产生误解。鉴于此，有学者把推理称为"理解过程的核心"。因此，对阅读过程中推理的研究一直是语篇阅读研究的重要组成部分。

研究表明，阅读中许多因素会影响推理的产生，这些因素主要有语篇因素和读者因素两类。影响推理的语篇因素主要有语篇体裁、语篇因果制约度等；而读者因素有读者的语言水平、阅读能力、背景知识等。

从语篇体裁看。不同的语篇体裁（也称文体）会影响推理过程。学生在阅读叙述类文体时比阅读说明类、议论类等其他文体更易于做出推理。这是因为记叙类文体与人们的日常生活情景联系较为密切，在理解日常生活经历时所用的推理机制和知识结构也会在记叙类文体的理解中同样使用。而相对来说，说明文、议论文往往是脱离日常生活的具体情景的，通常是为了向读者传递新的概念、普遍真理和技术信息。例如《荷花淀》中对水生夫妻对话的描写，学生就能够通过推理得出文本中没有明确表达而作者实际想要表达的信息：

水生说："……，我第一个举手报了名的。"

女人低着头说："你总是很积极的。"

虽然言语之中有对丈夫的一千一万个不满意，一个"总是"真实地表现出女人对丈夫依恋的感情，"很积极的"这句话是女人复杂的思想感情活动，用不满的口气来表达满意的心情，她还是识大体的，并没有因为留恋夫妇生活而拖丈夫的后腿，相反，还称赞丈夫的积极，支持丈夫的行动。接下来的对话也一样，在分别之时，女人想让丈夫说几句体己的话，得到的却是要自己"不断进步，识字，生产"的吩咐。在这里，女人的情感被刻画得淋漓尽致，但是男人的表现却非常理性，甚至可以说是霸道。"夫妻话别"的场景，体现了浓厚的"妇随夫命"的传统文化观念。她非常明白，句句在理，只轻轻地连答两次"嗯"，一诺千金，很有分量，意味着她要挑起丈夫留下的生活、生产、进步、识字等重担。特别是水生临走前对水生嫂交代的最后那句话，这句话的意思是比较隐蔽的，但是水生嫂听懂了它，并且"流着眼泪答应了他"。它含蓄地表达了传统观念对女性的贞节要求。

她是流着泪答应的，这泪，不仅是女人丰富内心活动的外在表现，更是她要坚强地承担起丈夫所交付的一切重担的决心，女人说到也能做到，因为她是勤劳能干的。

从语篇因果制约度看。语篇因果制约度，是指语篇事件间的因果联系强度。语篇先前事件对将来事件的因果制约度是由先前事件的综合因果性，即语篇因果充分性决定的。语篇因果充分性的高低决定了语篇中某一事件引发某个特定结果的可能性。如果语篇因果充分性高，故事的发展明显指向某一明确结果，读者在阅读过程中就很容易推断出语篇将要发生的事件。语篇因果充分性越高，读者做出的前向推理（即预测推理）就会越明确。

从读者的语言水平看。语言水平是指基本的语言能力，如词汇辨认和句法加工能力。读者的语言水平是影响阅读理解的一个关键因素。语篇的语义等信息的获取依赖于读者的语言知识。只有具备一定的词汇和语法等语言知识才能对语篇进行正确解码并建构有意义的文本。对于语言水平较高的读者来说，在词汇和句子层面的加工往往不会耗尽他们的认知资源，这样，他们就有足够的资源激活用于更高层次的加工（如推理）。学生进行文言文和古诗词的语篇理解较之现代文会觉得困难，就是因为对古汉语词汇辨认和句法加工能力不强，不能对语篇进行正确解码并建构意义。

从读者的背景知识看。背景知识主要指与语篇相关的普遍世界知识。背景知识结构是以经验为基础的，其内容由相互联系的意义构成。推理是读者基于一定的世界知识对语篇发生事件的推测。因此，推理的产生依赖于长时记忆中的普遍世界知识，尤其是因果知识。读者的背景知识是影响阅读理解和推理生成的重要因素。读者对某一主题了解的背景知识越多，就越容易感知语篇各成分之间的关系，填补理解中的空白，进行恰当的推理。而且，拥有不同背景知识结构的读者有可能在阅读同一语篇时做出不同的推理。因此，读者的背景知识会影响推理的加工。

在阅读中，读者总是主动地进行意义搜索，努力去寻找能解释语篇中事件、行为、目标的信息。建构主义理论强调读者的背景知识在推理中的作用，认为当长时记忆的背景信息被激活、部分信息在语篇的意义表征中形成编码时，以知识为基础的推理才得以建构。

第二节　高中语文课堂教学中抽象思维与形象思维的有机结合

形象思维是思维主体结合自己的主观认识和情感因素，在感受研究对象的形象信息基础上，借助对与研究对象相关的形象信息进行分析、综合、比较、抽象、概括、想象、联想等认知加工方式，对研究对象的本质和规律进行审美判断或科学判断的思维。这就表明抽象思维与形象思维的关系是非常密切、只可互相补充不能互相代替的。就文学作品而言，作家主要用形象思维，这是无疑的。但是，作家在创作中怎样去认识生活、表现生活，这就要受他自身的世界观、人生观、价值观、伦理观、道德观、文艺观的影响，受社会风气和社会思潮的影响，这就注定了文学创作一定会渗透抽象思维活动。在语文教学中，指导学生进行形象思维训练时离不开分析、综合、比较、抽象、概括等抽象思维因素的参与；指导学生进行抽象思维训练时也离不开形象思维因素的参与。语文教学既要发展学生的抽象思维，同时也要发展学生的形象思维。必须把抽象思维训练与形象思维训练有机结合起来，才有利于提高学生的思维能力，发展学生的智力。

一、理性分析与情感体验结合

语文新课程标准中强调，阅读是学生的个性化行为，应注重学生的体验感悟。阅读教学中的"体验感悟"还需要学生能联系生活，运用想象与联想仔细体味、深入揣摩，与文本对话。这就要求教师能够通过创设情境启发学生调动各种感官来切身体悟。"情境教学"方式讲究调动学生的情感体验，以形成主动发展的动因，不断积累丰富的表象，让学生在实际感受中进行直觉判断、推理分析，逐步去认识世界。这就很有利于在语文教学中，把理性分析与情感体验相结合对学生进行抽象思维训练。

二、归纳概括与形象感知结合

在语文教学中对人物形象思想性格的归纳概括不是简单的、抽象的，而是具体生动的。通过挖掘，体味作品中形象化的语言，使之留下深刻印象，从而引发学生想象，头脑中浮现出以作品语言描述的艺术形象为基本原型的、且带有自己经验色彩的新形象。学生有了深切的形象感受作为基础，他们对人物思想性格的理解才是准确鲜明的。学生的知识经验有限，就需要教师在教学时能够将抽象的概念具体化、形象化，能够联系典型的事例，进而通过形象感知，帮助学生达到对概念的本质性的理解。例如，学习《红楼梦》，可以让学生看电影。这样做的目的，并不是要用直观的影视形象，取代对作品语言的理解分析，而是要使抽象概括的语言与生动的形象、丰富的情感、作品的意境紧密交织在一起，使学生的认识更加深入、全面。如果说抽象思维使学生对人物形象的认识变得清晰而简明，那么，形象思维则使学生对人物形象的认识变得丰富而生动，二者相互补充，学生的认识活动才是情味盎然而富有生命活力的。

在教学文言文时，教师更要形象地讲清楚文言实词的含义，才便于学生学习、掌握包括古今异义、一词多义、通假字、词性活用等语言现象。例如教学"臣本布衣，躬耕于南阳"的语句时，教师要讲清"布衣"原指粗布衣服，这里指穿粗布衣服的人，即平民；"斗折蛇行"中"斗"原指北斗七星，"蛇"原指长条状爬行动物，这里名词作状语，意为像北斗七星那样、像长蛇爬行那样。再如学习比喻、夸张、拟人、排比等修辞手法。这些概念学生感觉陌生，但学生很容易理解"月亮弯弯像香蕉""红彤彤的脸蛋像苹果""亮晶晶的眼睛像天空中闪烁的星星"这类句子，老师把有特色、容易理解的例句找出来，然后和学生一起归纳这些句子的共同点，那么就能够归纳出比喻的概念："A 像 B"句式，A 和 B 是两种不同的事物，但它们有共同点，有相似处，二者用喻词连接。在这个基础上，再介绍暗喻"A 是 B"、借喻"A 代表 B"，这样学生就容易理解和掌握了。

三、逻辑推理与联想想象结合

联想、想象是形象思维的基本方式，也是形象思维的基本特征。文学作品的概括性、典型性，给读者留下了无限广阔的想象空间。教学中应该挖掘出可供学生进行丰富联想、想象的语言因素，并使学生能够对人物形象进行合乎逻辑的想象。

此外，还可以让学生重新设计课文结尾，或让学生给课文补充一个结尾的教学环节，通过逻辑推理与联想、想象相结合，使学生得到有效的抽象思维训练。或给课文进行续写，再补充一个结尾。语文教学中，只有加强逻辑推理与联想、想象有机结合，使学生的身心处在高度亢奋和愉悦的状态之中，才能发挥出人脑的潜力，提高学习效率。

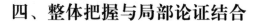

四、整体把握与局部论证结合

语文阅读教学的整体把握既指各阶段教学过程的通盘考虑，又指教学要保持文章的整体性。文章的整体性是文章多种构成要素的辩证统一，包括：语言形式和内容思想的统一，总体精神、整体框架和局部意义的统一，表层形象和内层意蕴的统一，等等。这些方面统一的总和，就是文章的整体性。在阅读活动中，要切实遵循整体性原则，强化整体认识，注重对课文的整体感知。凡是优秀、典范的文章，无不是以其整体和谐之美来感染读者的。有机的整体性是具有艺术感染力和艺术生命力的基础。如果失去了有机的整体性，也就失去了文章的美；破坏了这种有机的整体性，也就毁灭了文章的艺术生命。因此，阅读教学应立足于对文章的整体观照。

在阅读教学中还要强调整体和局部的辩证统一。要从文章的有机整体出发，分析文章的各个构成要素，从而发现文章艺术营构的规律和特点。这种分析是着眼于文章的部分与部分之间、部分与整体之间的联系方式和内部营构系统，把文章作为一个血脉灌注的完整的艺术生命来认识。形成了对文本的整体认识之后，再回过头来品味局部，这也是教学思路的一个重要环节。在进行教学设计时，要考虑到学生的认知规律，应对文章的内容大体上采取整体感知—局部研读—整体评价—课外拓展的教学思路。在局部研读时，各个环节要始终做到疏通文义与理解鉴赏相结合，逐步加深学生对课文的理解，使之具备宏观评价文章的能力。

第三节 高中语文基于抽象
思维能力训练的课例

《可以预约的雪》教学设计

林清玄

一、教学目标

(1)理解作者为什么将菅芒花比作雪，并理解"预约"的含义。

(2)体会文章构思的巧妙，由花及人，联想丰富的写作特色。

(3)学会正确对待人生中的"变"与"常"，形成积极的人生态度。

二、教学重点

分析文章结构，体会文章构思的巧妙。

三、教学难点

理解并把握对人生中"变"与"常"的正确态度。

四、课时安排

1课时。

五、教学过程

（一）导入

有人说，2018年称得上是一个时代的落幕和终结。霍金走了，李敖走了，单田芳、臧天朔、李咏、金庸也走了。在我们听到这些消息还未缓过神来时，2019年1月23日，台湾著名作家林清玄又离开了我们。（此时插入介绍林清玄的童年生活）贫困岁月给林清玄留下了难忘的记忆，但这记忆里没有埋怨和责备，有的是对人生的开悟和省思。他以一颗"诚心"去感悟人生的真谛，以一颗"柔软心"让世人更加清醒地面对苦难。他的散文充满哲思、充满情感，平易中有感人的力量，被誉为"人世间最美妙的声音"。今天就让我们一起聆听他的《可以预约的雪》。

（二）初析文题，厘清思路

1. 文章题目是《可以预约的雪》，内容与雪有关吗？文章中的"雪"又指什么呢？

明确：①没有关系，实际写到的是自然界的菅芒花。

②运用比喻的修辞，说明雪和菅芒花具有相似性。

（此时向学生展示菅芒花的图片，以便学生有更直观的感受）

2."预约"又是什么意思呢？

明确："预约"是指时间上可以约定，指雪和菅芒花都带有季节性。

过渡：读到这里，我们心中充满温馨。作者不把菅芒花（板书：菅芒花）开看作一种客观的必然性，而是把它看成人的主观期许与愿望。冬天可以预约雪；秋天可以预约雪似的菅芒花；夏天可以预约凉爽，春天可以预约小草，这多么美好！然而，作者却笔锋一转，转出了另一重境界。

（三）再析文题、体会构思

1. 雪、菅芒花是"可以预约"的，那么作者认为什么不可以预约。

明确：人生（生命）　板书：人生

2. 为什么人生不可预约呢？

明确：引导学生找到：因为人生中充满了"常"与"变"。

3. 那么，请同学们朗读第13、14自然段，思考：文中的"常"与"变"分别指的是什么呢？"变"在文中体现在什么地方呢？（同学分组讨论）。

明确：常：指的是人们心中的美好愿望，是一种共同的理想。

变：指的是人们在追求美好愿望过程中所发生的变化。

人类不断追求"常"，却不得不面对生活中的"变"。此乃作者所言的"人生的困局"。（此时板书：人生的困局）

4. 此时引导同学们理解段落中难理解的句子（同学们交流，沟通）。

例如：我们逐渐地看见隐藏在"常"的面具中，那闪烁不定"变"的眼睛。

我们仿佛纵身于大浪，虽然紧紧抱住生命的浮木，却一点也没有能力抵挡巨浪。

5. 根据这几节内容，作者对待"常"是怎样的态度？用文中的关键词回答。

明确：渴望　向往。

6. 在文中第16～19自然段中作者对待"变"又是怎样的态度？用文中的关键词回答。（找同学朗读）

明确：畏惧　茫然。

7. 生活中我们有没有类似的困境、经历？你当时的感受如何？

明确：①先找几个学生说说他们的感受。

　　　②再说说我的经历和感受。

　　　③引出作者林清玄。

展示林清玄的照片，并引用林清玄第一次在中国大陆时说的话。

想生在盛唐，成为唐宋八大家，不幸只成为台湾八小家；想长到一米八，不料只长到一米六八，只好自我安慰"一路发"；想长得像陈晓东，但很多人都说我长得像达摩或十八罗汉；我儿子说，爸爸，你快成为伟人了，因为《世界伟人传》上的伟人大多是秃头。

（四）感悟文题，感悟人生

1. 面对不可预约的人生，作者如何看待？建议我们怎么做呢？请同学们朗读第 20～22 自然段（男同学读第 20 自然段，女同学第 21 自然段，齐读第 22 自然段）。

明确：恒常→祝福之念　变化→宽容之心。

维持着美好的心、欣赏的心，永远保持着预约的希望。

2. 林清玄在这三段中用春风化雨般的文字，如同一位禅师向我们娓娓道诉人生智慧，把我们带到了一个积极、乐观的人生境界中。那么，同学们能否也保持预约的希望，怀着一颗美好的心、欣赏的心去重新审视前文看花之人的人生变故？（引出课文第 6～10 自然段）（让同学思考，交流）

明确：一个朋友虽背井离乡，但科技那么发达，我们可以视频聊天关心彼此。

一个朋友虽有患病之痛，但与重病之人比更加幸福。

一个朋友虽鬼门关走了一遭，但更应该珍惜生命。

一个朋友虽婚姻破裂，但无拘无束，可以来一场说走就走的旅行。

我虽离婚再婚，但我又找到了生命中的第二个真爱。老来得子也是一种幸福。

3. 再说说我的现在，虽然，我失去了很多，但也有了满满的收获。

小结：懂得欣赏才会幸福！拥有一颗美好的心，欣赏的心，永远保持预约的希望，以积极的人生态度重新审视人生的变化无常，便会发现人生的绚丽多彩。

总结全文思路，板书：人生出路

（五）拓展延伸

读完全文，我们始终没有看到预约的菅芒花美景，但我们却经历了一场对生命中变与常的思考。请同学们围绕"人生的常与变"这个话题，试着写几句或一段内容富含哲理性的句子。（同学先写，前后位分组讨论交流，最后找同学展示。）

（六）教师寄语

同学们即将迈入高三，这是高中阶段带给你最多竞争与机遇的一年，带给你最丰富人生回忆的一年，也是能促使你最快成长成熟的一年。有一种改变叫沧海桑田，有一种酸楚叫物是人非，有一种智慧叫永葆期望！春风是和煦的，秋风是

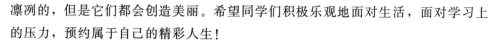

凛冽的，但是它们都会创造美丽。希望同学们积极乐观地面对生活，面对学习上的压力，预约属于自己的精彩人生！

最后，一副对联送给同学们：

珍惜拥有，祝福恒常，方能知足常乐。

懂得欣赏，宽容处变，才能宠辱不惊。

六、教学反思

这节课教师首先让学生把菅芒花和雪的内在关联找出来，点明为何开篇来写菅芒花，而"预约"又有哪些内涵。可以预约的是什么，不可预约的又是什么。

引出学生对重点问题"为什么人生不可预约"进行探究，从而带动学生对文本重要章节的细致研读，如第 13 自然段、14 自然段，人生的困局的什么。"常"与"变"分别指的是什么。然后研读第 16～19 自然段中作者对"变"的态度，最后细读第 20～22 段，引导学生面对人生的困境时要葆有美好的心，欣赏的心，要保持着预约的希望。

本课例考虑到学生的认知规律，对文章的内容大体上采取整体感知—局部研读—整体评价—课外拓展的教学思路。在局部研读时，各个环节始终做到疏通文义与理解鉴赏相结合，逐步加深学生对课文的理解，使之具备宏观评价文章的能力，提升了学生的抽象思维能力。

第六章
高中语文课堂教学中的创新思维培养

创新思维是一个多层次、多水平、多阶段的思维系统。创新思维可分为两大层次：一是特殊才能的创新思维，如科学家的创造、发明；二是自我实现性的创新性思维，指个体在发展意义上的、自我潜能上的有意义的创造性开发。高中生的创新思维就属于后面一个层次。这两个层次之间并非截然分开的，后一个层次的创新思维是前一个层次创新思维的基础，前一个层次的创新思维是后一个层次创新思维的飞跃与结果。我们所说的创新教育，就是指在基础教育阶段，以培养高中生的创新精神和创新能力为基本价值取向的教育实践，着重研究和解决如何培养高中生的创新意识、创新精神和创新能力的问题。这是提高语文教学质量的需要，更是我国社会主义事业发展的需要。

第一节　创新思维的基本理论

创造性思维是一种产生新思想的思维活动。有学者认为，产生新思想主要依赖的是非逻辑思维。不过，新思想产生之前的酝酿过程以及新思想产生之后的论证过程都离不开逻辑思维的作用。因此人们大都认为，创新思维是非逻辑思维和逻辑思维的融合和互补，但非逻辑思维是创新思维的关键与核心，在创新思维过程中起着决定性的作用。我们也认为，创新思维不仅要"创"，而且要"新"。无论是创造一个新思想、新事物，还是解决一个新问题，都必须先在思想上进行创新，然后再用逻辑思维把它造成一个逻辑系统。创新思维也称为创造性思维，就是因为它不仅要"创"，而且要"造"，要把它造成一个逻辑系统。这就离不开逻辑思维的作用。因此，在创新思维的训练中还要运用逻辑思维的方法。

一、创新思维的定义

创新一词起源于拉丁语，它的原意有三层含义：第一，更新；第二，创造新的东西；第三，改变。而创新作为一种理念，最初形成于 20 世纪初。美国哈佛大学教授熊彼特（J. A. Joseph Alois Schumpeter，1883～1950)在 1912 年首次将创新引入经济领域。此后，创新理念以及创新思维逐步扩散至各个学科各个领域，继而绽放了磅礴的时代力量和思维魅力。尤其是在当今社会，创新在世界范围内成为一个出现频率非常高的词，无论是国家、民族、学校、企业或是个人，几乎都时刻不忘提及创新思维。

　　说到创新思维，得从"思维"说起。思维是人脑对外界事物概括的间接的反映，是认识的高级阶段，即理性认识阶段。它反映事物的本质和内部规律性。思维有两个特点：一是概括性，二是间接性。所谓概括性，有两个意思：第一，思维能揭示一类事物所特有的共性并能把它们归结在一起，从而认识该类事物性质与其他类事物的关系；第二，思维能从部分事物相互关系的事实中，揭示普遍的或必然的联系，并将其推广到同类的现象中去。所谓概括性，就是从事物现象中看出本质、特性和规律来。所谓间接性，就是思维对感官所不能直接把握的或不在眼前的事物，借助于某些媒介物并通过头脑加工来进行反映。思维的概括性和间接性是互相联系的。再说到"创新"。创新是指以现有的思维模式提出有别于常规或常人思路的见解为导向，利用现有的知识和物质，在特定的环境中，本着为满足社会需求而改进或创造新的事物、方法、元素、路径、环境，并能获得一定有益效果的行为。那么什么叫创新思维？理论界对此众说纷纭。有学者认为：创造性思维是以解决科学或艺术研究中所提出的疑难问题为前提，用独特新颖的思维方法，创造出有社会价值的新观点、新理论、新知识、新方法等的心理过程。也有学者认为，创新思维，或称创造性思维，是指对事物间的联系进行前所未有的思考，从而创造出新事物的思维方法，是一切具有崭新内容的思维形式的总和。还有的认为，所谓创新思维，就是在思维领域追求"独到"和"最佳"，在前人、常人的基础上有新的见解、新的发现、新的突破。总之，大都认为创新思维是指与常规思维相对的，能够打破常规思维的界限，以超常规甚至是反常规的方法、视角去思考问题，从而提出不同的解决方案，由此生成出新颖的、独到的、有社会意义的思维成果。从创新思维的过程、结果以及状态来看，一些学者提出创新思维有狭义与广义两种理解。狭义上，创新思维指一种具有开创意义的思维活动，即开创人类认识的新领域、开创人类认识新成果的思维活动。具体而言，它通常表现为给出新的概念，作出新的判断，提出新的假设或方法，有新的发现，以及产生新的技术或产品等。广义的创新思维，不仅表现为作出了完整的新发现或新发明的思维过程，而且还表现在思考的方法、维度以及技巧上，甚至表现在某些局部的结论和见解上具有新奇独到之处的思维活动。每个正常人都可能有这种广义的创新思维能力。我们在语文教学中谈培养学生的创新思维能力，就是取其广义的说法。由此，我们可以对创新思维做如下界说：创新思维是指开拓人类认识新领域的思维，是发现问题和解决问题的思维。

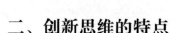

二、创新思维的特点

创新思维主要是非逻辑思维,是非逻辑思维和逻辑思维的融合和互补。据专家学者们的研究,它有很多特点,比如有理性的、非理性的;有相同的、相异的;有积极的求异性、洞察的敏锐性、想象的创造性、知识结构的独特性和灵感的活跃性;等等。我们认为,创新思维最显著的特点主要有如下几个。

(一)独创性

所谓独创性,是指思维发散的新颖性、新奇性、独特性的程度。这是创造性思维的基本特点,亦是它的核心要义。创造性思维活动是新颖的独特的思维过程,它打破传统和习惯,不按部就班,解放思想,向陈规戒律挑战,对常规事物怀疑,否定原有的框框,锐意改革,勇于创新。在创造性思维过程中,人的思维积极活跃,能从与众不同的新角度提出问题,探索开拓别人没认识或者没完全认识的新领域,以独到的见解分析问题,用新的途径、方法解决问题。善于提出新的假说,善于想象出新的形象,思维过程中能独辟蹊径、标新立异、革新首创。具体而言,创新思维的独创性突出表现在三个方面:①独特性。个体自觉而独立地操纵条件和问题,找出解决问题的关系、层次和结点,思维的结果具有典型的个性化色彩。②发散性。以某一给定的信息或条件为轴心,延展出各种各样的数量众多的信息。③新颖性。无论是概念、假设、方案,抑或是过程、状态或结果都包含着新的因素。在以上三个层面之中,新颖性是衡量思维独创性的最重要的指标。

美国心理学家吉尔福特(J. P. Guilford,1897-1987)认为思维的独创性具有两方面的特征:①新颖的、不常见的;②机敏智慧的。由此可见,独创思维是一种具有开创意义的高智能活动。独创性思维的结果是实现知识和信息的增值,这是一般思维所无法比拟的。在语文教育中,尤其是在作文方面,思维的独创性尤为重要。缺乏独创性思维的文章总会遵循惯有的思维定式,从而令文章表现出立意平庸、选材陈旧、结构呆板、语言贫乏等特点。在语文教学中培养学生思维的独创性,应当着重培养以下三种意识:①问题意识。问题是人们认识活动的动力,是人们思维的启动器,是从未知到已知的桥梁和中介。一切学习活动有效性的前提都与问题相关,而问题又会以一种决定性的方式反过来作用于我们的思维世界。把握住问题与问题解决的相关性,就能得到如何找到线索、如何进行研究的启示。没有问题就没有创新。②批判意识。即用怀疑的眼光去发现问题，用审视的眼光去识别真伪，用无所顾忌的勇气去否定伪科学和假知识。批判意识的先决条件是怀疑，怀疑就是为了破除盲从，扫除传统谬误的偏见。这种积极的怀疑是创造的起点。③审美意识。审美意识是指具有一定审美能力、审美观点、审美标准的人，在客观存在着的美的事物刺激、感染后，引起的主观内部体验、欣赏和评价，从而产生感情上愉悦的心理状态。审美意识就是创新意识，符合"创造"的要求：一是发现别人没有发现的东西，二是更正或改善别人已有的东西。审美感知的过程是一个运用并且也锻炼注意力、观察力、记忆力的过程，而这些能力恰恰是构成创新意识的智力因素。培养审美意识的过程与培养创新意识的过程是同步的。

（二）多向性

所谓多向性，是指善于从不同的角度思考问题，此路不通，另辟蹊径。训练多向思维的方式有：①发散机智。一个问题，多种设想，扩大选择余地。②换元机智。事物往往由多种因素决定，就是多元性，变换其中一种或几种因素（换元），即可取得成功。③转向机智。一方受阻，即转向另一方，多次转向，直至获得成功。④创优机智。在已经获得成功的条件下也不满足，寻找更优的答案。创新思维不受传统的单一的思想观念限制，思路开阔，从全方位提出问题；能提出较多的设想和答案，选择面宽广。创新思维是一种开放的、灵活多变的思维，并没有现成的思维方法和程序可以遵循，进行创造性思维活动的人在考虑问题时，可以迅速地从一个思路转向另一个思路，对问题进行全方位思考。因此，创造性思维常伴随有"想象""直觉""灵感"之类的非逻辑、非规范的思维活动。这是不可复制的，他人不可以完全模仿或者模拟。而多向性，则最为直观地展现出了创新思维的灵活性。

就思维多向性的本质来看，它是创新思维最重要的思维方式。它最直接的效果是能避免思路闭塞、单一和枯竭。多向思维实质上是指，使思考中的信息朝多种可能的方向扩散，以引出更多新信息的发散性思维，它主要包括：①具有多种思维指向；②多种思维起点；③运用多种逻辑规则及其评价标准；④多种思维结果，最终达到另辟蹊径和整体优化的目标。

社会生活是复杂多元的，因此，反映在我们每个人的思维方式上，也必然会呈现为一种多向思维的状态。如果思考问题总是用单向的、一元的、绝对化的思维方法，就会陷入被动局面。由此，要培养学生多向思维的习惯，就要训练学生克服先入为主的、单向的思维定式，要求他们自觉地、耐心地、多渠道地获取各种各样的信息；在作决定的时候，要尽可能多地拿出几个不同的办法作比较，多考虑几种不同的可能性，多设想几个不同的结果。

（三）多元性

多元思维，也称"立体思维""全方位思维""整体思维""空间思维"或"多维型思维"。它是思维跃出二维平面，伸向多维空间的结果；是多个变化着的因素，来决定事物属性的变化，一层一层移动着的思维；同时亦是穷举外延的思维，是克服机械、形上、经验、八股和刚愎等局限性思维的发展型思维。因此，多元思维，是进步的思维，也是科学的思维。所谓多元性，正是指跳出点、线、面的限制，能从上下左右、四面八方去思考问题的思维方式，也就是要"立起来思考"。而思维多元性的具体要求，则在于根据事物多种构成因素的特点，变换其中某一要素，以打开新思路与新途径。在自然科学领域，一项科学实验，常常变换不同的材料和数据反复进行。在社会科学领域，这种方式的应用也是很普遍的。如文学创作中人物、情节、语句的变换，管理中的人员调整。

以多元思维思考问题时通常有三个角度：第一是要有一定的空间维度。世界上的万物都在一定的空间存在，多元思维就充分考虑了事物的空间。用多元思维来思考并解决问题，就能够跳出事物本身，从更高的角度去思考和解决。第二是要有一定的时间维度。世界上的万事万物都是在一定的时间中存在，从多时间维度的方向去思考，这就要求兼顾过去、现在、未来多种时态，具有超前意识。第三是注意万物联系的脉络。世界上的事物都不是独立存在的，它们之间各有各的联系。要学会在事物千丝万缕的关系中去思考问题，才容易发现事物的本质，从而拓宽创新之路。

事实上，任何事物的属性，它的内在或外在因素，不只一个两个，甚至是多个。因此，说话办事、计划规范、程序机制等，都要留有充分的余地，都要保持一定的水准或精确度层次的要求，永远也不要绝对化。许多难题在直观或平面思维中得不出答案，但在多元思维过程中，却可以获得圆满的解决。

（四）开放性

所谓开放性思维，是指突破传统思维定式和狭隘眼界，多视角、全方位看问题的思维；它与把事物彼此割裂开来、孤立起来、封闭起来，使思维具有保守性、被动性和消极性的形而上学思维是根本对立的。开放性思维本质上具有反教条和实事求是的特征。具备了开放性的思维方式，就能够不断地有所发现、有所发明、有所创造、有所前进。

相对于封闭性的思维，开放性的思维只能是思维的起始点和中心点，并由此产生不加限制的思维，把思维的任何可能性都看成是可能的，一切皆有可能，这就是开放性思维的特点。所以，不但思维的主体是自由的思维，而且思维的内容和形式也是随机变化的。

开放性思维的思维活动具有无阻碍性和时空跨度，能够最大限度地获取信息。表现在空间上，就是既向内看，又向外看，这样，一个人就可以既了解自身的内在心理需求，又可以根据外界的变化适时地调整自己，让自己、他人和外部世界和谐起来。开放性思维还意味着一种超越自我的能力。如果固守着自己的内部世界，那就只是一个封闭的自我体系，外部世界在这个封闭的体系里被排斥了，一切新的思想、新的事物都不被接纳，人的进步性就被彻底地否定了。

（五）综合性

所谓综合性，是指综合利用他人的思维成果。创新活动是在前人基础上有新的进展和突破，这就必须综合利用他人的思维成果。这种综合能力有三个方面：①智慧杂交能力。即善于选取前人智慧宝库的精华，巧妙结合，形成新成果。②思维统摄能力。把大量事实、概念和观察材料综合，加以概括整理，形成科学概念和系统。③辩证分析能力。没有分析就没有综合，综合思维是以辩证分析能力为前提的。这里的综合并不是简单的排列组合，而是具有创新性的综合，即以目标为核心，综合运用多种思维形态和多种思维方法，对已有的众多信息进行有目的地选择和重组，从而寻求最佳的解决方法。

任何事物都是作为系统而存在的，都是由相互联系、相互依存、相互制约的多层次、多方面的因素，按照一定结构组成的有机整体。这就要求创新者在思维时，将事物放在系统中进行思考，进行全方位、多层次、多方面分析与综合，找出与事物相关的、相互作用、相互制约、相互影响的内在联系。而不是孤立地观察事物，也不只是利用某一方法思维，应是多种思维方式的综合运用。综合后的整体大于原来部分之和；综合可以变不利因素为有利因素，变平凡为神奇；综合是从个别到一般、由局部到全面、由静态到动态的矛盾转化过程，是辩证思维的运动过程，是认识、观念得以突破从而形成更具普遍意义的新成果的过程。可见，综合性思维就是创新思维。培养创新思维的综合性，需要具备以下两个方面的能力：一是归纳概括能力，即通过整理把大量概念、事实和观察材料综合在一起，以形成完善科学的系统；二是辩证分析能力，这是一种综合性思维能力，即对已有材料进行深入分析，把握它们的个性特点，然后从这些个性特点中概括出事物的规律。

（六）联动性

所谓联动性，是指在思维过程中由此及彼的多种联系的思维活动，这种思维的联动性特点，常会引导人们由已知探索未知而开展思路。创新思维的联动性表现为由浅入深、由小及大、触类旁通、举一反三，从而获得新的知识，新的发现。创新思维的联动性按照其思维动向形式可分为三种：①纵向联动。即在一种结构范围内，按照有顺序的、可预测的、程式化的方向进行的思维形式。这是一种符合事物发展方向和人类认识习惯的思维方式。它从发现现象开始，向纵深方向探究产生这种现象的原因，得到突破性发现。对偶然事件的敏感程度，取决于纵向联动思维能力的强弱。它遵循由低到高、由浅到深、由始到终等线索，因而清晰明了、合乎逻辑，我们平常的生活、学习中大都采用这种思维方式。②横向联动。就是看到现象，即联想到与其特点相似、相关的事物。它是一种突破问题的结构范围，从其他领域的事物、事实中得到启示而产生新设想的思维方式。它不一定是有顺序的排列，同时也不能得到预测。③逆向联动。就是看到现象，即想到它的反面，让思维向对立面的方向发展，从问题的相反面深入地进行探索，因为许多事物是互为因果的，这是一种由已知发现未知的方法。当大家都朝着一个固定的思维方向思考问题时，不妨独自朝相反的方向思索，这样的思维方式就是逆向联动思维。它是思维中较高级别的一种方法。

三、创新思维的构成要素

（一）求异的积极性

求异，是指思维主体对某一研究问题求解时，不受已有信息或以往思路的限制，从不同方向、不同角度去寻求解决问题的不同答案的一种思维方式。求异，就是关注现象之间的差异，暴露已知与未知之间的矛盾，揭示现象与本质之间的差别的一种思维，即从多方向、多角度、多起点、多层次、多原则、多结果等方面思考问题，并在多种思路的比较之中，选择富有创造性、异乎寻常的新思路。求异思维方法的内核是积极求异、灵活生异、多元创异，最后形成异彩纷呈的新思路、新见解。可以说求异思维方法是孕育一切创新的源头。科学技术史上许多发现或发明就是运用这种思维方式的结果。

求异的内容和思维运行方式决定了求异思维具备四个典型特征：灵活性、积极性、多元性、试误性。求异思维的灵活性和积极性有利于自主性的创造，而多元性和试误性则有利于创新成果的选择，所以求异思维贯穿于整个创新活动过程。在这四个特征中，积极性尤为关键。因为它表现出思维主题在面对问题时是否能主动地、积极地寻求不同的解题答案。求异思维的本质包含广博的开拓创新功能。运用求异思维方法，能够克服思维模式的凝固化和一统化的弊病，冲破陈旧的思维模式，把思维从狭窄、封闭、陈旧的体系中解放出来。具有创新思维的人往往表现在对司空见惯的现象和已有的权威性结论持怀疑批判态度。

（二）洞察的敏锐性

洞察是知觉和事物相互渗透的复杂的认识活动。在洞察的过程中，不断地将观察到的事物与已有的知识或假设联系起来思考，把事物之间的相似性、特异性、重复现象进行比较，发现事物之间的必然联系，作出新的发现和发明，这也是创新思维所具有的特征之一。所谓洞察，是指一个人多方面观察事物，从多种问题中把握其核心的能力。通俗地讲，洞察力就是透过现象看本质，就是"开心眼"，就是学会用心理学的原理和视角来归纳总结人的行为表现。

任何事物都是由"看得见"与"看不见"的两个部分组成的。"看得见"的部分就是现象部分，"看不见"的部分就是本质部分。后一部分虽然"看不见"，却可以经由我们的洞察系统发现。"看不见的部分"决定了"看得见的部分"。人对事物的认知，主要来自以往的"经验"，超出我们"经验"的东西，我们都会无法"反应"，要么抵触、要么惊慌失措。而决定现象部分的是本质部分，所以，我们要自我觉悟、自我体验，透过现象看本质。一个人如果真正能够发现并进入"洞察"模式，那么，这个人就能完全改变自己，甚至是自己的性格、秉性。缺乏洞察力的人会只见树木或只见森林，而不能两者俱见。缺乏洞察力的决策者，会浪费宝贵的资金和人力，因为他无法抓住问题的根本，因此无法制定有效的方案。一个具有创造性洞察力的人，无疑距离成功更近。

挖掘并加强洞察的敏锐性，要求我们做到以下几点：第一，勤于观察，累积经验。对所收集的资料进行去伪存真、由此及彼、由表及里，经过系统分析，使之成为有价值的资料信息。一个人的洞察力与他的经验是分不开的。经验越丰富的人，往往洞察力越强。而观察力的练习有助于注意力的集中，使之"心明眼亮"。这样不仅可以有效锻炼视觉的灵敏度，锻炼视觉和大脑在瞬间强烈的注意力，而且可以提高记忆力和创造力。第二，保持好奇，主动探究。开启好奇心，才会主动去发现问题。你发现和提出的问题越多，解决的问题也就越多，那么你获得的知识也就越多，智慧性越强。第三，科学思考。从资料到洞察的过程，不仅牵涉很广的知识领域，而且要经过科学、系统的思考，而后有了对事物客观的看法和准确的预测，也就有了洞察力。第四，关注细节，注意事态变化。一些优秀人物，往往是在一些细节小事上面，洞察到别人未曾留意的事情，并由此大胆地推断。很多事件在变故没有发生前都是有预兆的，只是少有人去留意而已。任何事物都是持续发展的，随时关注事态的发展与变化，是提高洞察力的好方法。

（三）想象的丰富性

想象力是人类创新的源泉，加强想象的丰富性，对于提升创新能力具有至关重要的作用。想象力是发明、发现及其他创造活动的源泉。所谓想象力，是指人以感性材料为基础，把表象的东西重新加工而产生新的形象。创新思维始终伴随着创造性想象。创造性的想象，能不断改造旧表象，创造新表象，赋予思维以独特的形式。在创造性想象中，人们运用想象力去创造所希望实现的一件事物的清晰形象，接着继续不断地把注意力集中在这个思想或画面上，给予它以肯定性的能量，直到最后它成为客观的现实。想象力的伟大，是我们人类能比其他物种优秀的根本原因。因为有想象力，人类才能创造发明，发现新的事物定理。如果没有想象力我们人类将不会有任何发展与进步。

想象是创新的源泉之一，而想象有时难免带上种种主观臆测、虚假和错误成分。那么，如何提高自己的想象力，使自己的想象力丰富起来呢？这就需要遵循以下几个方面：第一，要积累渊博的学识和丰富的经验。想象无非是对已有的知识、表象和经验进行改造、重新组合、创造新形象。因此头脑中储存的表象、经验和知识越多，就越容易产生想象。一个孤陋寡闻的人是很难经常产生奇想的。第二，要善于把不同种类的表象加以重新组合以形成新的形象。第三，要善于把同类的若干对象中的最具代表性的普遍特征分析出来，然后集中综合成新的对象。第四，要善于抓住不同事物之间的相似性进行想象。想象可以通过比喻的途径来完成。如人们常常把"爱心"比作滋润心田的雨露，从而将这个抽象的概念具体化。第五，要善于把适合于某一范围的性质扩展到整个等级。想象也可以通过夸张的途径来完成。夸张的关键在于通过用具体的局部去代表未知的整体从而使整体具体化。如当人们只看到月牙时，他们就认为自己看到了整个月亮，这就是通过夸张来想象。

（四）知识的广博性

科学文化教育的创新，都建筑在既有知识结构的基础之上。而创新思维的新成果，又是对已有知识的突破与创新。故创新思维与已掌握的知识密不可分，然而知识与创新思维能力又各有其内涵。因为创新思维能力包容着诸多因素，不仅需知识提供必要的内容，还需要知识上升为思想因素与智力因素。否则知识就会成为死板的、凝固的束缚创造力的桎梏。一般来说，良好的知识结构包括扎实的基础知识、精深的专业知识、广泛的邻近科学知识，以及有关科学技术发展的新成就的知识。

一个人，无论学历多高，经历多丰富，学识多渊博，在工作中总会遇到这样或那样的新情况、新矛盾、新问题，如果长期不去总结自己，积累知识，也很难驾驭新矛盾，应对新变化。这就需要我们在工作中努力培养自己的积累意识，养成良好的积累习惯，在总结中反思，在反思中积累。尤其对刚刚步入工作岗位的年轻人来说，更是如此。这里所说的"积累"，是指在工作实践中对业务知识、个人思想、成败经历、经验教训等多方面内容的积累。首先是积累知识。当知识的积累达到一定的厚度时，就会转化为个人成长的智慧。对一个人来说，注重从书本上学习知识、扩大视野，是非常必要的。其次是积累经验。经验包括直接经验和间接经验，直接经验是通过亲身经历得来的，间接经验是从书本和别人那里得来的，但二者的本源都来自实践。再次是积累教训。人生的经历也许不外乎成功和失败两个方面，但很多时候我们却往往看重了成功，忽视了失败。其实，总结失败的教训，在某种程度上说，也许比积累成功的经验更重要。因为失败比成功会更让人刻骨铭心。最后是积累思想。思想是行动的先导，对行动具有指导作用。一个人要想在工作中出类拔萃，没有思想作为指导是很难做到的。要想把自己塑造成一个有思想的人，首先要勤于思考、善于思考。这就要求我们在工作中必须认真钻研业务，并时刻注意对自己的所思所想进行梳理、分析、总结和提升。只有这样，才能在本职工作中，不断推陈出新，有所突破。

诚然，创新的维度并不与知识的总量成正比。事实上，对创新真正有用的，不是知识的总量，而是知识在个人头脑里是如何形成的、如何组织的以及如何利用的。只有根据个人需要和问题解决需要来组织、构建起来的个性化知识体系才是对创新最有利的。如今语文教育界出版的《语文教育心理学》《语文审美教育论》《语文教育文化学》《语文创新教育研究》《语文思维教学研究》《语文课程与教学新论》等，这些著作都是创新思维的硕果，作者们都程度不同地具有语言文学、教育学、教育心理学、美学、思维科学、课程与教学论等多方面的广博的知识，同时，又能在教学与科研的实践中，通过创新思维活动将这些知识互相渗透、融会贯通，构建出理论联系实际的新的知识框架，才会有一本又一本的著作问世，并推动语文教改深入发展。

（五）灵感的活跃性

灵感也叫灵感思维，它是指在文学、艺术、科学、技术等活动中，由于艰苦学习、长期实践，不断累积经验和知识而瞬间产生的富有创造性的突发性直觉思维现象。灵感的本质是顿悟，就是对问题或困惑的突然顿悟，类似于直觉，但它远比直觉来得复杂和艰辛。灵感不仅是人脑理性思维活动和直觉思维活动共同的结果，更是长期的、艰辛的心智劳动的结果。灵感的珍贵之处突出地表现在高能、高效、创新性和创造性上面。灵感的高能、高效创造性是指人们经常遇到一些长期百思不得其解的疑难问题，或长期悬而未决的棘手问题，在灵感突然爆发的瞬间变得迎刃而解，使人们有一种茅塞顿开和豁然开朗之感，那些苦苦思索、求之不得的答案瞬间就展现在了人们面前。

（六）表述的新颖性

表述的新颖性与创新思维似乎毫不相关，其实不然。思维和语言是人类反映现实的意识中互相联系的两个方面，它们的统一构成人类所特有的语言思维形式。语言是实现思维、巩固和传达思维成果即思想的工具。语言是思维本身的要素，是思想的直接现实。思维和语言是相互依存、相互促进的。语言是现实的思维，是思维的物质外壳；语言的外壳又总是包含着思维的内容。一般来说，语言的发展水平标志着思维的发展水平。因此，思维的创新就势必借助新颖性的语言表述使之外化展现。

事实上，对于语文这样一门富于人文性、表述性的学科而言，最为直观的检验创新与否的办法，就在于观测文章的新颖性。一篇文章是否超越了传统和常规，表述是否新颖脱俗，是比较容易衡量的。只有具备了表述的新颖性，语言才会亮起来，文章才会美起来，创新性才会体现出来。

表述的新颖性主要体现为语言新奇鲜活，有趣有味。这主要可以通过以下方式加以训练：第一，善用修辞。运用修辞能使句子生动、新颖、富有表现力。在写作时要尽可能多用比喻以增强语言的形象与感染力，多用设问以启人深思，多用排比以增强气势。第二，大胆想象和联想。要发挥丰富的想象力，用富有特色的鲜活语言来反映生活、表达感情。第三，句式多样化。文章的文采有时表现为语言的变化美，这种变化集中体现在句式的选用上，即通过长句与短句、整句与散句、肯定句与否定句等多种句式的灵活搭配，达到一种参差错落、自然灵动的美感。

第二节　培养创新思维的原则

高中学生的创新思维是自我实现性的、个体在发展意义上的自我潜能上有意义的创造性开发；创新思维离不开逻辑思维的作用。因此，在语文教学中培养学生的创新思维，还要运用逻辑思维的方法，要以非逻辑思维为核心，把逻辑思维与非逻辑思维融合起来，在语文能力训练中渗透发散法、聚合法、逆向法、想象法、联想法、直觉法、不完全归纳法、头脑风暴法、类推法等非逻辑思维因素。

一、营造和谐氛围，鼓励放飞思想

新课程呼唤尊重民主，强调自主发展。因此，新课标下的教学模式不再是老师主宰、学生附和，老师讲、学生听的刻板模式，而是要充分激励学生学习的主观能动性。因此，营造自由和谐的课堂氛围，调动学生主动学习、自主探究、合作共进的积极性，势必成为每位老师的共识。

语文教学是一门塑造灵魂的艺术。作为关注学生情感的语文教学，不仅要把诗情、文情传送到学生心中，而且要精心地给学生提供表达自我认识、评价情感的条件。语文课堂要体现其人文性特点，师生是平等的合作者，要彼此尊重、互相依赖、相互合作。只有在这样的氛围中，师生之间才能够形成互动交流的对话平台，学生才能够轻松愉快、活泼热情、兴趣盎然地放飞思想，充分发挥他们的想象力，以最佳的状态进入语文学习，焕发语文课堂独有的魅力。

营造和谐的教学氛围，首先需要培养良好的师生关系。作为教师，加强与学生沟通、建立良好的师生关系是非常重要的。教师要热爱每一位学生，尊重每一位学生，对学生一视同仁。教师的语言、动作、手势和神态要让学生感到可亲、可信，要能不断激发学生的求知欲，激发学生不断克服学习困难的决心，使学生产生幸福和愉快感，激发学生的学习兴趣。对学生回答的问题，不要简单地否定或肯定，要启发学生多问"为什么"，并让学生说说自己是如何想到的，怎么想的；鼓励学生不懂就问，大胆质疑、解疑，这样才能激发学生的学习兴趣和学习的劲头。

二、实施教学民主，张扬学生个性

实施教学民主，就需要改变传统的教学观念，尊重学生在语文课堂上的主体地位，注重培养学生的独立性和自主性，让他们主动去好奇、了解、认识和接受，从而达到预期的学习目标。同时，通过创设多种适宜的活动，引导学生勤于思考，多从不同角度去进行质疑和反思，让课堂真正成为学生主动思考，多向思维的场所。

新课程理念强调建设开放而有活力的课程，关注学生的情感、态度和价值观，凸显学生的个性。这就要求在教学的过程中，应当针对学生的特点，实施开放式教学。语文的答案是丰富多彩的，语文学科的魅力正在于此，语文课堂的活力也正在于此。同一个问题，由于学生的生活经历、知识素养、心理状况等不同，得出的答案也可能是千差万别、异彩纷呈的。这就是创造力的表现，也正是我们需要悉心呵护和着力培养的。教师要多给学生展开想象的时间和空间，多给学生发表意见的机会和自由。学生在一种无拘无束自由畅达的空间中，自由参与、自由表达，往往能产生一种宽松、愉悦、新奇的心理体验，学习的兴趣也就高涨，从而诱发潜在的创造潜能，迸发出创新思维的火花。

语文教学就应该实施民主型教学，改变沉闷的、中规中矩的教学方式，在同一篇课文的教学上，追求常教常新；在同一个论点上，追求讲出个性，张扬学生个性，才能调动学生参与思考、参与创新的兴趣与积极性。

三、激发学习兴趣，呼唤创新意识

我国著名的教育家孔子曾说："知之者不如好之者，好之者不如乐之者。"如果教学方法得当，学生对知识的内容发生兴趣时，他们的思想就会活跃起来，记忆和思维的效果就会大大提高。反之，则把学习看成精神负担，效果必然降低。良好学习习惯的形成和培养，都离不开兴趣。因此，教学中能否激发学生的兴趣，提高学生的记忆效果，无疑是教学成败的关键。教师应不断创设富有变化的能够激发学生兴趣的学习情境，营造兴趣氛围，不断推动学生的求知欲，激励学生的创造性思维。

激发学生学习的兴趣，首先，要使学生明确学习的重要性。心理学研究表明，需要—动机—目标是构成人的积极性行为心理动力的主要因素。有了需要才能树立动机，有了动机才能确立目标。一个人只有清晰地意识到自己的学习活动所要达到的目标与意义，并以此来推动自己的学习行为时，这种学习行为才是可持续的。在教学过程中，教师应反复向学生强调知识的重要性。其次，精心营造良好的师生关系。古人云："亲其师而信其道。"可以说，师生关系的好坏直接影响到学生学习兴趣的高低。再次，根据实际适当运用讨论教学，在实践中激发学习知识的兴趣。学生的学习兴趣是在学习实践中形成发展起来的。只有通过实践，让学生体会到语言本身的交际功能，才能真正激发学生学习知识的兴趣。最后，开展丰富多彩的课内外活动。实践活动是培养兴趣的基本途径。苏霍姆林斯基把课外活动称为"第二兴趣的发源地"。我们要尊重学生的兴趣，把握高中生新奇、好动、好玩、好胜、爱表现的特点，设计开展各种各样的课内外活动，吸引他们最大限度地参与语言实践活动。如辩论、猜谜、游戏、抢答、演讲、故事会等。

四、提倡质疑讨论，开展思想交锋

善于发现问题和提出问题是一个人具有创新潜力的重要标志，能够提出问题就是创新意识的具体体现。教学过程中要培养学生发现问题、分析问题和解决问题的能力，而培养学生发现问题的能力有时比解决问题更为重要。学生的创新能力就是由遇到要解决的问题引发的。提出问题不是单向的，而是双向的需求。不但教师要有目的性地提出问题，让学生思考；学生也要敢于提出自己感到困惑的问题，让教师帮助解答。教师的提问如果能够让学生产生思维上的矛盾，往往会使学生得到超常发挥。在语文教学中，教师应充分挖掘教材所蕴含的创新教育素材，鼓励、启发、诱导学生多提问题，多质疑。

在课堂教学过程中，应该善于启发学生对一些问题从不同角度去进行思考、质疑，然后提出不同的见解和看法。比如语文教学中对课文内容的解读，就要启发引导学生各抒己见，敢于提出自己的见解。同时，教师应充分信任学生，在课堂教学上采用切合学生实际的方法，根据学生思维活跃的特点，引导学生展开讨论、争论、辩论，这样的学习方法有利于培养学生的创造性思维和想象力。努力营造教师与学生、学生与学生之间平等、自由的氛围，鼓励学生积极思考。

五、突破思维定式，导向思维求异

所谓思维定式，就是根据已有的经验、知识在头脑中形成一种固定的思维模式，也就是思维习惯或惯性思维。举个简单的例子，如果给你看两张照片，一张照片上的人英俊、文雅，另一张照片上的人丑陋、粗俗。然后对你说，这两个人中有一个是全国通缉的罪犯，要你指出哪个是罪犯，结果不言而喻——大多数人会毫不犹豫地指向那个面貌丑陋粗俗的人。这种思维定式容易将人的思维限制在一个框框内，缺乏求异性和发散性，难以打开思路。大量事例表明，在环境不变的条件下，思维定式确实能够使人应用已掌握的方法迅速解决问题。而当情境发生变化时，它则会妨碍人采用新的方法，对问题解决具有较大的负面影响。当一个问题的条件发生质的变化时，思维定式会使解题者墨守成规，难以涌出新思维，做出新决策，造成知识和经验的负迁移。因此，打破思维定式，是我们发展创新思维的必然要求。

今天，生活方式的转型对学生思想观念、思维方式的影响有着极其深刻的内在联系，它同样充分地体现在今天开放的语文课堂教学中。随着阅读个性化的发展进程，学生在阅读感悟的自由表达中也往往是主流思想和非主流思想并存。这就要求语文教师能够正确认识和把握学生个性化的阅读感悟，从而更好地引导他们培植进步的思想文化观念，同时也要能够认识到语文课堂教学中就有着发散思维训练的广阔天地，无论是阅读教学，还是写作教学，它能引发学生的进一步思考，能训练学生的想象能力和创造性思维能力。例如，在教学《廉颇蔺相如列传》中关于"负荆请罪"一节的内容时，学生就提出了异议：

生1：廉颇要赔不是，干吗要赤着膊、背上荆条呢？这样多难看，也不太文明呀。

生2：应当有比负荆请罪更好的办法。比如托个人去说说情，表示对不起，不就行了？

生3：也可以捎上点礼物什么的，写封道歉信带去。

生4：最好请蔺相如吃顿饭，在饭桌上敬敬酒，道个歉，赔个不是。

对已经成为成语的"负荆请罪"，人们早已认同，毫无疑义了。学生提出这些异议，是突破了思维定式。当然，他们的异议有对当时用请求杖责表示道歉的方式不尽了解，因而对赤着膊背着荆条到别人家里赔不是觉得不可思议，但是，也明显表达出了他们希望为廉颇这位勇于认错改过而又为赵国出生入死的将军找到一种更加体面的方式。这样的阅读感悟，正体现了他们积极的文化观念和求异创新思维。

作文教学中，记叙文的审题、议论文观点的提炼，都是训练突破思维定式的好机会。一般可通过作文材料或作文题目对学生的思维进行开发。比如以"从牛想到的"这个文题为例，可启发学生：除了通常对老黄牛的精神赞颂外，可否从相近或相反的方面立意？学生通过求异思维，纷纷确立了各种各样的立意：

(1)从牛的辛劳默默，联想到谦虚求实；

(2)从牛的反刍，联想到学习中的温故知新；

(3)从牛的犟劲，联想到不服输精神；

(4)从牛的走路慢腾腾，联想到要有时代紧迫感；

(5)从牛的好斗，联想到反对内耗。

凡此种种，不一而足，创新思维个性得到了充分展示。在语文教学过程中，教师应引导学生养成创新的思维习惯，重视学生创新精神的培养，充分利用有利于发展学生创新思维的教学方法，这样才能充分发挥学生学习的主动性和创造精神，才能不断提高学生的创新思维能力。

六、累积广博知识，奠定思维基础

思维活动需要与之相应的语言载体。语言材料越丰富，思维载体的容量就越大，思维就越活跃。拥有广博的知识，就意味着奠定了坚实的思维基础。学好语文有两个不可或缺的关键。一是扩大知识面；二是发展思维加工能力。前者着眼于积累，后者着眼于训练。要拥有广博的知识，首先要靠积累。语文学科知识点的分布，与其他学科不一样。语文学科的知识点，分散在一篇篇课文当中，需要师生自己动手去归纳整理。因此学生在学习的过程中，应注意知识的积累和梳理，根据自己的特点，扬长避短，形成自己独有的学习方式，通过对语文知识、能力，学习方法和情感、态度、价值观等方面的融汇整合，切实提高语文素养。此外，语文学科需要积累的还包括文化、文学、生活体验和方法习惯等。积累没有捷径，语文积累最根本、最有效的手段便是朗读、背诵和带有综合性的迁移练习。

在语文学习中，积累是根本，梳理是关键，只有做好梳理工作才能更好地积累，为我所用。因此，在积累的基础之上，我们还应该引导学生进行合理地梳理和消化，将别人的东西转化成自己的。在开放的课堂里，学生从自己的已有知识与感悟出发，表述各自对文本的不同见解，这就常常会出现意见分歧，而这种分歧又有助于他们对文本内容认识的深化、积累与巩固。同时，这种分歧又是一种可贵的创新思维训练资源，教师必须充分加以利用。

七、活跃灵感心理，引发思维创新

灵感不是天上掉下来的，是人脑进行创造性活动的产物，当创造性活动进行到一定阶段或程度时，灵感思维才会出现。所以，灵感的产生是需要具备一定条件的。第一，灵感是以创造者创造性地解决问题为前提的。第二，灵感是在良好的精神状态下产生的，须保持乐观镇静的心绪。焦虑不安、悲观、失望、情绪极容易波动等都会降低人的智力，影响创造性思维。心胸开阔、乐观向上的情绪容易使人浮想联翩，创造性思维活跃。第三，灵感出现之前注意力高度集中在要解决的问题上。对问题的长期思索，在大脑中留下某种信息的机能，一旦外界某种刺激发现解决问题方法的信息，一个解决问题的念头就会出现在脑中。第四，灵感的到来伴随着情绪高涨的状态。

对于语文学习来说，无论是在阅读、习作还是在口语交际上，灵感均能发挥重要的作用。因此，在语文教学中活跃学生的灵感心理，培养学生的灵感思维具有重要意义。那么，应当如何在平时的学习中激活学生的灵感心理呢？首先，是创设情境，激发思维灵感。这又称为"情境触发"，是指创造主体由于受某种环境气氛渲染，触景生情而诱发灵感的外部诱因。

灵感思维机制序列是：灵感起源于问题，问题引起思考想象，对问题思考想象的中断并机遇触媒（外部诱因和大脑意识积淀整合），触媒诱发灵感，灵感突现，即由思想闪光带来的新概念、新观点、新理论、新思路的端倪。灵感具有情境性，情境性是诱发灵感的突出特征。灵感具有突如其来的突发性和偶然性，然而这种偶然性背后隐藏着创造的必然性。随之而来的便会有新的发现，出现新概念、新观点、新思想、新思路及新技术、新工艺等科技的端倪。比如，"苹果落地""月亮绕地球旋转"，在一般人看来，这是风马牛不相及的现象，但是牛顿却从中领悟到苹果之所以掉到地上而不朝天上飞、月亮始终绕着地球转而没有脱离地球和太阳系飞向宇宙深处，都是由于有地心引力作用，即看到了两个表面互不相关的事实之间的内在联系，发现了"万有引力定律"。因此，想要抓住灵感的火花，还需我们争做生活的"有心人"。

第三节　高中语文基于创新思维能力训练的课例

《江南的冬景》教学设计

本文是郁达夫南迁杭州之后写下的散文名篇，作者从各个角度描写了江南的冬天，描绘了一幅江南暖冬的水墨画，抒发了作者对江南深深的喜爱和赞美之情。教师在讲授这篇课文时，重点是要培养学生的品味鉴赏美和学习表达美的能力，从而构建开放、有序的语文课堂。

一、教学目标

(1)细读文本，欣赏画面之美、品味语言之美。
(2)学习作者的写景技巧，用恰当的语言描写自然景物之美。

二、教学重难点

学会鉴赏散文语言之美。

三、课时安排

1课时。

四、教学过程

(一)情景导入

一提到到江南，我们便会不自觉地陶醉于古诗文的温婉迷人中，"草长莺飞二月天，拂堤杨柳醉春烟"是江南春的绚丽；"何以销烦暑，窗下有清风"，是江南夏的清爽；"银箭金壶漏水多，起看秋月坠江波"，是江南秋的朦胧。那么江南的冬又有着怎样的魅力呢？让我们一起走进《江南的冬景》，来感受一下郁达夫笔下的江南。

（二）整体感知

（1）课前我们已经布置了预习，现在让我们一起走进课文，作者笔下的冬景给你留下的总体印象是什么？文本中哪些段落直接写了江南的冬景？

明确：明朗的情调　　2段、5段、7段、8段、9段写了江南冬景

（2）国画大师刘海粟曾说过："青年画家不精读郁达夫的游记，画不了浙皖的山水；不看钱塘、富阳、新安，也读不通达夫的妙文。"这是对郁达夫写景散文的高度评价。

为什么说青年画家一定要读郁达夫的散文呢？就是因为他的散文如画一般美妙，那么我们来看一下：文本共写了几幅画面？尝试着给每一幅画命名。给大家5分钟时间讨论。

明确：同学们的回答都非常精彩，结合大家的发言，我们可以归纳出这样五幅图画，请看大屏幕：

曝背谈天图

冬郊植被图

寒村微雨图

江南雪景图

冬日散步图

总结：作者从不同角度，刻画了不同时间、不同场合、不同天气下的江南的冬景，午后的温暖，蕴藏生机的大地，雨中的迷蒙，雾中的情趣等，表现了作者对江南冬景的钟爱。

（三）文本研习（选点突破，局部赏析）

从我们刚才找到的图画中选出你最喜欢的画作深入欣赏，自由朗诵。时间是5分钟。

（同学之间可以讨论，合作探究。）

好，接下来请几位同学来和大家分享一下你的收获。

（估计学生喜欢的会大致集中在"冬郊植被图""寒村微雨图""江南雪景图"这几幅画面中，选择你最喜欢的。）刚才同学们对喜欢的图画都进行了赏析，但赏析

的时候还是不够全面，为了赏析的精准和全面，老师给大家一些建议，我们可以从以下四个方面入手：

(1)写了哪些景物？

(2)景物有何特点？

(3)作者感受如何？

(4)运用何种手法？

结合这四个赏析的角度，我们师生一起来分析两幅图，第一幅是冬郊植被图，请同学们齐读第 5 自然段，按照我们提示的四点，进行归纳。

(1)所写之景：白色的芦花、火红的乌桕树、雪白的乌桕籽、赭色的野风和日暖的午后、碧蓝的天。

(2)景物特点：色彩浓艳亮丽、对比鲜明、蕴含生机。

(3)作者感受：和煦温暖、生机盎然。

(4)所用手法：工笔描绘、浓墨重彩。

第二幅是寒村微雨图，请同学们有感情朗读第 7 自然段，比较一下景物描写的不同之处，进行归纳梳理。

(1)所写景物：小桥流水人家、孤村细雨细树、乌篷茅屋酒客。

板书：长桥、乌篷小船、细雨、灯晕

(2)景物特点：色彩朴素淡雅、意境朦胧悠远、诗中有画，画中有诗。

(3)作者感受：悠闲、洒脱、得失俱亡。

(4)所用手法：(淡笔写意)虚实相生、侧面烘托。

(四)重点品读江南雪景图

师：很好！接下来，同学们再用刚才学到的鉴赏方法重点品读江南雪景这幅图，看看它和前几幅图在手法上又有什么不同？

(1)所写景物：围炉对酒、月映梅花、美酒飘香、柴门犬吠、行人投宿、雪中红梅、村童弄雪。

(2)景物特点：色彩浓淡相宜。

(3)作者感受：淡雅高洁、优美宁静。

(4)所用手法：巧妙引用，写意传神。

作者用优美的诗句给我们留下了丰富的想象。虽没有直接写景，而意境全出了。引用诗句、避实就虚的写法，是郁达夫散文常用的笔法，他常在散文中插入一些旧诗,以补散文里没有说尽的余意,没有抒发的情愫,使文章在整个行文上显得跌宕多姿,也增加了文章的诗情画意。

(五)分析文章段落

通过赏析文中写景的段落,我们感受到了冬郊植被图的生机,寒村微雨图的悠闲,江南雪景图的宁静,冬日散步图的逍遥。而这些特点再次让我们感受到了江南冬天的明朗。

师:现在再来看看那些没有直接写江南冬景的段落,这些段落是不是可以删去?为什么?

生:不可以。这几段虽没有正面描写江南的冬景,但四组对比凸显了江南冬景的特点。

1. 和北方的冬景相比较

北方的冬天——极寒冷

江南的冬天——晴暖,湿润

2. 和闽粤地区的冬景相比较

闽粤地区的冬——极和暖,无冬意

3. 和北方的夏夜比较

北方的夏夜——明朗

4. 和德国的寒郊散步比较

师:散步是一项非常悠闲的活动,在什么样的冬天才有情趣到郊外去散步呢?

生:晴和(从文中第9自然段可以找到答案)。

作用:突出晴和;与下文形成了照应。

小结:写北国和闽粤的冬天,是为了凸显江南冬景的特点:明朗、明丽,幽静、悠闲,自成一格。这里只有主次之分,没有褒贬之意。

(六)学以致用

从郁达夫散文中学习到散文的哪些写法?

(1)多引用诗句,多用色彩,使文章充满诗情画意。

(2)运用比较写法突出景物的特点。

接下来,请大家运用我们今天学到的写作手法,以"菏泽的冬天"为题,写一段话。

【结束语】

文章到此，不知不觉中，郁达夫已带着我们到江南进行了一次精神上的散步。同学们，让我们像郁达夫一样，在一个风和日暖的午后，到郊外去，欣赏明丽绚烂的自然美景；在一个微雨朦胧的傍晚，到乌篷船上去，来一次悠闲的卧船听雨眠；在一个晚来天欲雪的傍晚，到古村深巷去，享受一回"绿蚁新醅酒，红泥小火炉"的惬意；在一个晴和明朗的日子里，来一次逍遥的散步！

五、教学反思

散文又称美文，《江南的冬景》以语言优美、文意婉约令人惊叹。本堂课重在培养学生对写景散文的鉴赏能力，总结一些写景方法，从而提高学生的语言鉴赏能力，并指导学生的写作实践。

课堂的结构安排为：概括五幅冬景画面—鉴赏五幅冬景画面—总结每幅图的写景方法—借鉴手法、实践写作。把课堂分解为块状结构，课堂的内容由浅入深，较为符合学生的接受能力。五幅图带领学生们进入五种情境，激活了学生的灵感心理。在教学过程中，既兼顾了对散文优美语言的品读与欣赏，又注重鉴赏方法的培养，这样的教学设想，又能带给学生美的享受，还能提高学生的语言创新能力。

第七章
思维课堂在高中语文教学中的实际应用

思维课堂作为高中教学中一种创新的教学方式，对帮助学生建立一个完善、整体思维有着十分重要的作用。特别是在语文教学中，有着极为广泛的应用，既可以做总结性教学又可以做分段式教学，这种灵活多变的方式更加有利于语文教学质量的提高。

第一节　实用文体的教学设计课例

实用文教学是高中语文教学中的重要组成部分，但相对于文学类的文章，实用类的文章在高中语文教材中所占的比例并不大，但是实用文体对我们的生活、工作、学习、政治、军事等方方面面都有重大的影响。学生学习实用文，有利于促进他们进行跨学科、跨专业、跨领域的学习，拓宽学生的知识面，增强学生的综合素质，达到"上知天文，下知地理"，为成为"全知"的人做铺垫。

《宇宙的边疆》教学设计课例

一、教学设计

（一）学情分析

（1）考试大纲中规定，现代文阅读实用类文本与文学类文本学生可选做其一，而学生平时很少接触实用类文本，因此阅读分析此类文章有一定的困难。

（2）解说词具有视觉性强的特点，学生在预习课文时会感到部分内容衔接不紧，对厘清文章脉络有一定的障碍。

（3）高一学生的眼界已经比较开阔了，对科普文章很感兴趣，这是本文教学的一个有利条件。

（二）《课程标准》与教材分析

《课程标准》注重学生的应用能力、审美能力和探究能力的培养，教学中不仅要提高学生的思想道德素质，更重要的还要提高学生的科学文化素质。在这一前提下，教材在这一单元选编了具有时代特色的科普文章。这种文体的应用性较强，学生通过学习，既能提高语文素养，以适应新的时代要求，又能激发对科学的兴趣，为终身学习和个性发展奠定坚实的基础。

（三）目标与要点分析

1. 目标分析

（1）了解解说词的文体特点。

（2）学习说明文的说明方法及空间说明顺序。

（3）体会说明文中议论、抒情表达方式的独特作用。

（4）理解作者对于宇宙和人类的观点，激发学生探索宇宙的兴趣。

2. 要点

分析理解、把握说明方法和不同表达方式在科普文章中的重要作用。

（四）教学策略设想

（1）通过播放与课文有关的电视录像，帮助学生了解文体特点，理解把握课文内容。通过使用多媒体简介相关材料，强化学生对课文的形象感知，引导学生通过探讨课文掌握说明方法。

（2）分解目标，用两课时完成教学任务。第 1 课时整体感知，使学生把握文体特点及说明方法的作用；第 2 课时研讨解说词的语言特点，并通过延伸练习强化教学目标。

二、教学过程

第 1 课时

（一）出示教学目标

（1）整体感知、理解、把握作者观点，学习解说词的文体特点。

（2）厘清结构，掌握说明顺序，熟练掌握说明文的说明方法。

（二）检查预习字词（多媒体幻灯片，略）

（三）作者、作品简介（多媒体幻灯片，略）

（四）解读课文，把握特点

速读课文，思考解说词在行文和语言上有何特点；播放录像，引导学生感受宇宙的浩瀚，理解解说词的特点。

（1）用5分钟速读课文。

（2）播放美国科学电视片《卡尔·萨根的宇宙》的第一集《宇宙的边疆》。

（字幕的译名是《宇宙汪洋之滨》。课文节选部分的内容是从3分到29分30秒，共26分钟左右的画面。因为翻译不太相同，只节选10分钟左右的片段播放）

（3）学生谈观后感，教师点拨评价。

从片中我们可以感受到卡尔·萨根的个人魅力，他以平易近人的方式将深奥的科学知识向我们娓娓道来，他确实无愧于人们赋予他的高度评价。而我们生存的宇宙竟是如此美丽、如此神奇，它正等待大家去探索。

（4）学生谈文章的特点，教师引导学生总结解说词特点。（多媒体幻灯片出示答案）

①解说词要根据对象的特点，有明确的主题和说明重点。如本文的说明重点是宇宙，就紧扣宇宙的组成来介绍。②解说词全篇结构不求严谨，段落之间不苛求紧凑，每部分有相对的独立性。虽有联系，但各有侧重。③解说词具有补充视觉的作用，它依靠对事物的准确描述、语言的渲染来感染听众或观众。解说内容随画面变动，有时画面内容在解说词中用"这些"等词语指代。④解说词的语言特点是通过生动的语言对事物的形象进行描绘，文学性很强。解说词是说明语言和文艺语言的结合。

（五）整体感知内容，厘清层次顺序

（1）根据解说词的特点，通过画面的移动来变换解说内容，请同学们通过对象的变换归纳课文层次并厘清说明顺序。（学生自主发言，教师启发点拨）

层次：介绍宇宙的广阔—星系—恒星—太阳系—行星—地球。

说明顺序：作者由宏观到微观、由远到近、由外到内来组织全篇，这是一种空间顺序。

（2）思考探究：作者将电视片理解为一个人的"旅程"，为什么不按照人们思维的一般顺序，由微观到宏观、由近到远、由内到外来进行这次"旅程"呢？这样安排顺序的原因何在？（学生讨论，以幻灯片出示要点）

①我们跳出宇宙之外，将它作为客观的对象来解说，效果更清晰。

②空间尺度由大到小，让读者有了整体理解之后，再了解局部，也符合思维的习惯。

③由广阔的宇宙穿越空间，最终回到地球，这是探索和发现的全过程，表现

了人类对宇宙的敬仰和掌握自己命运的热情；同时，也符合作者的思想——人类的未来取决于我们对整个宇宙的了解程度。

教师点评：通过观看电视片和阅读解说词，我们每个人仿佛也融入了作者的旅程，深切感受到作者身上涌动的激动敬仰之情。由此可见，说明顺序确实经过了作者的缜密思考。

（六）深入探究，把握方法

（1）你喜欢课文的题记吗？题记的作用是什么？

学生谈个人理解后明确归纳：选用两位科学家的语言来说明宇宙的伟大，说明人类有无穷的未知要探索，人类要继续开拓，用以总领全文。

（2）在解说第一部分"宇宙的浩瀚"时，作者用了什么说明方法？好处是什么？试举例说明。

主要运用了比喻的说明方法，使说明内容生动形象。如，"我们已经开始向大海涉足"，把宇宙比喻为大海，体现了宇宙的浩瀚，用"涉足"表明人类已经开始对宇宙进行研究；"海水才刚刚没及我们的脚趾，充其量也只不过溅湿我们的踝节"，这表明人类的研究还很肤浅。此外，还运用了列数字的说明方法，通过直观的数字向人们展示了宇宙的浩瀚。

（3）在第 7 自然段中，作者说："我们隶属于这些星云，我们所见到的星云离地球 80 亿光年。"这一句话体现了电视解说词与画面相配的特点，在文中我们找不到"这些"指代什么，也感受不到"星云"的形象。因此，在阅读解说词时，头脑中要想象画面。

（4）课文中哪些段落也采用了多种说明方法？学生分组讨论，要求学生在分组交流讨论中掌握多种说明方法。

教师巡回点拨，最后以幻灯片展示一个例子。

在解说星系、恒星、太阳系和行星这一过程中，为了让众多的概念及其特点为读者所接受，作者采用了多种说明方法。在说明大小、距离等知识时，用了列数字的方法；在说明特点时用了分类说明和举例说明的方法，如恒星和行星部分。

（七）把握观点，总结全篇

（1）结尾一段有何作用？体现了作者对人类的什么观点？

回应开篇的"题记"，结束对宇宙的探索旅程，使解说的思路清晰而严谨。作者认为，人类在宇宙中是渺小的，我们所探求的问题对宇宙来说可能是微不足道的，但人类是勤学好问的，会通过自己的奋斗去掌握自己的命运。

(2)总观全篇，概括作者对宇宙的认识。

作者认为，宇宙是一片汪洋，人类面对宇宙感到眩晕、战栗，它拥有着最深奥的秘密。人类的未来取决于我们对宇宙的了解程度。

教师点评：在跟随卡尔·萨根"旅行"的过程中，与其说我们理解接受了萨根的思想，不如说我们自己对宇宙和人类有了更为清晰的认识。人类是渺小而伟大的存在，因为宇宙是神奇、浩瀚的，未知是无限的，所以我们渺小；因为我们的勇敢探索，人类又是伟大的。

(八)布置作业

完成课后自主研究"习题二"。

第 2 课时

(一)出示教学目标

(1)总结本文在表达方式上的特点。
(2)通过分析句子，感受解说词的语言特点，深入理解作者的观点。
(3)通过延伸练习，强化教学重点——说明方法和表达方式。

(二)思考探究

(1)解说词虽是说明文，但表达方式并不单一，请找出议论、抒情等表达作者鲜明情感的句子，并分析其作用。

(小组讨论，多媒体幻灯片出示总结答案)

①从宏观来看，人类所关心的大多数问题都可以说是无关紧要的，甚至是微不足道的。(作用：说明人类对于宇宙来说，是渺小甚至微不足道的)

②我们探索宇宙的时候，既要勇于怀疑，又要富于想象。想象经常能够把我们带领到崭新的境界，没有想象，我们就到处碰壁。怀疑可以使我们摆脱幻想，还可以检验我们的推测。(作用：说明人类探索宇宙所需要的勇气和素质)

③地球是我们的家、我们的母亲，人类是在这里诞生和成长的，是在这里成熟起来的。(作用：说明作者对地球和人类的热爱)

④人类有幸来到地球这个行星上，这里有充满氧气的蓝天，有碧波荡漾的海洋，有凉爽的森林，还有柔软的草地。这无疑是一个生机勃勃的星球。(作用：

赞美地球的美丽和人类的伟大)

(2)在说明性文章中,大量加入议论、抒情的语言有何效果?

①使文章具有感染力,可以收到良好的宣传效果。

②便于作者抒发自己的思想感情,更生动地表达作者的观点,使读者在接受作者观点的同时,也容易与之产生共鸣。

(3)文中除了运用生动优美的语言之外,仍然体现了说明文语言的最重要特点——准确。试找出例句,并加以分析。

①第7自然段:我们所见到的星云离地球80亿光年,处在已知宇宙的中心。

②第8自然段:在星系里有行星、恒星,也可能有生物、智能生命和宇宙间的文明。

③第9自然段:宇宙里很可能到处充满着生命,只是我们人类尚未发现而已。

④第12自然段:对于所有这些恒星,地球上的居民到目前为止比较了解的却只有一个。

这些语言用词严谨,逻辑严密,充分体现了说明文语言的准确性。

(三)拓展练习

默读多媒体幻灯片上的文章——优秀电视片《我们的宇宙》中"美丽的地球"的解说词节选。思考:

①这段解说词的语言有何特点?

②说明方法主要是什么?有什么效果?

学生交流后,最后师生达成共识。

语言充满文学色彩,可以起到感染读者的作用。如"当宇航员从太空中俯瞰我们这颗云蒸霞蔚、生机勃勃的行星时,当月球上的摄影机拍下一轮巨大的地球从月平线上升起时,我们都会为眼前的景象怦然心动。这就是我们地球母亲美丽的容颜,这就是我们人类永远的故乡"。

主要使用列数字的说明方法,使说明的知识具有准确性,给读者最直观的感受。

(四)布置作业

通过查找资料,谈谈你对宇宙的认识和对人类未来的预测。

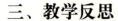
三、教学反思

为了使学生牢固掌握解说词的特点，在最初的教学设计中以学生为主体，希望通过速读课文和观看录像让学生自己发现和归纳解说词的文体特点，但效果很不理想。学生以往虽接触过电视专题片，但从未从写法特点上思考。启发之后，学生也只是总结出层次较清晰和语言具有感染力这两个特点，花费了较多时间。这一环节设计失败。

在新的设计思路中我改变教学顺序，由教师先交代清楚解说词的特点，然后再让学生通过读课文和观看录像深入理解和把握解说词的特点。

今后，在较难知识点的教学中，应把钻研教学方法作为重点，和不同层次的学生交流，多征求学生的意见。教学相长，交流和沟通是师生共同进步的最佳途径。

四、点拨评价

本节课，教师对学情摸得很准，教学重点突出；教学设计将考纲要求与发展学生个性、提高语文素养相结合；教学策略得当，影像资料能激发学生的兴趣，应用多媒体可以节省课堂时间，提高效率；问题设置比较合理，充分调动了学生的积极性；延伸练习与课文教学相结合，巩固了教学目标。

教师的教学反思中肯，在教学中应注意多与学生沟通。

《咬文嚼字》教学设计课例

一、教学设计

本文是一篇文艺随笔，属于实用文体的一类。重点内容要放在对文意的理解及借鉴上，因此可以把教学安排为两部分：先熟读文章，理解文意，把握语言表达与思想情感的密切关系；然后在此基础上通过实践练习，初步培养学生写作和阅读时的严谨态度与创新思维方式。挖掘出学生内心真正想要表达的内容，是我课堂提问的一个总原则。为此，我采用了追问艺术，让学生把想说的、该说的话尽量说完整，使师生之间的对话碰撞出思想情感的火花。为了让学生能够畅所欲言，切实提高学生的语言表达能力，我设计的练习都是开放性的，对学生没有太多的约束，并且设法避开学生的定式思维。

二、教学过程

师：有人说，中华文字是海市蜃楼，有一种神秘莫测的美；有人说，中华文字是片片绿洲，能给长途跋涉的人以慰藉；有人说，中华文字是一道道甘洌的清泉，可以滋润干渴者的心田……今天，就让我们一起走进中华文字的殿堂，品味它的甘甜与芳醇吧！我们已经预习过本课了，课文中关于咬文嚼字的实例总共有几个？

（学生快速浏览文章）

生：5个。

师：分别是哪5个？请概括一下。

生：郭沫若改台词，王若虚改《史记》，韩愈、贾岛"推敲"，苏轼《惠山烹小龙团》的"套板反应"。

师：作者在第8自然段有一句话："以上只是随便举几个实例，说明咬文嚼字的道理。"作者是不是很"随便"地举出这几个实例？

生：不是。

师：那么，大家给这5个实例归一下类，看有没有层次上的区别？

生：1、2、3是文字修改方面的，4、5是有关词语联想意义方面的。

师：3个有关文字修改方面的例子，有没有层次上的区别？

生：有。1是修改后增色不少的，增强了表达效果；2是修改失色的；3是怎么修改怎么有理的。

师：把第1个实例中有关修改后增色的分析找出来，读一下。

生："你是"句式只是单纯的叙述，"你这"句式表示坚决的判断。

师：为了印证这个理论，作者又举了哪个例子？

生：《水浒传》中石秀骂梁中书，杨雄醉骂潘巧云。

师：《红楼梦》里茗烟骂金荣是不是也印证了这个理论？

生：不是。

师：那说的是什么？

生："你是"句式好，含假定语气，有讽刺意味。

师：通过"你有革命家的风度"和"你这革命家的风度"的比较，又说明了什么？

生："你这"句式表示深恶痛绝，用在这里不合适。

师：也就是感情色彩用得不对。这是句式的区别。第二个例子改前改后区别是什么？

（学生读这一部分）

生：李广射虎这个例子谈的是文字的简和繁的问题。

师：作者认为改得怎样？

生：改得似乎简洁些，却实在远不如原文。

师：为什么不如原文？

生：改了之后失去意味了。

师：对，作者说"从来没有一句话换一个说法而意味仍完全不变"。王若虚的删改使原文的"味儿"全没了。古人有"用墨如泼"与"惜墨如金"两种用笔的方法，什么时候"泼"，什么时候"惜"，大家应该受到一些启发，以后写作时下笔可要仔细推敲一番。哦，朱先生也举了"推敲"的例子，那么"推"和"敲"的意味有什么不同？你认为是"推"好还是"敲"好？

生："推"好，因为"少邻""草径""荒园""鸟宿"都表明了环境幽静，用"推"既同诗的意境吻合，又同标题中的"幽"字呼应；用"敲"就破坏了这份幽静。

师：有道理。谁还有别的想法？

生："敲"好，有动作，有形象，有声音。

师：那怎么体现幽静呢？

（生沉默）

师：可以考虑手法。

生：以动衬静。

师：很好，连轻轻敲门的声音都听得那么清楚，可见环境的幽静。就像"鸟鸣山更幽"一样。看来，两个词都能讲得通，到底该用哪个字，作者怎么说的？

生：看"哪一种意境是贾岛当时在心里玩时而要表现的"。

师：这是从词语选择的角度举的例子。这3个例子，作者分别从句式的变化、文字的增删、词语的选择人手，强调了咬文嚼字的必要性。我问一个问题：为什么有的修改会增色，有的修改会失色，而有的修改又怎么改怎么有理呢？那么，评判增色、失色和修改得有理的标准是什么呢？大家能不能从作者的分析中归纳出来呢？

生：修改字词，不只是字面上的简单变化，"在文字上推敲，骨子里实在是在思想情感上推敲"。

师：对，这句话非常关键。这也是本文最重要的一句话，它告诉我们，在"推敲"语言文字时，修改效果的依据是思想感情，这是问题的根本所在。那么第

6 自然段和第 7 自然段讲的是什么内容？

生：联想意义的把握和运用。

师：两段分别是从哪个角度讲的？

生：第 6 个自然段是从阅读中联想意义的确定之难来讲的，第 7 自然段从写作避免套语和"套板反应"之难来讲的。

师：文字联想意义的运用有两种情况，请各用一个四字短语概括。

（学生读文章，概括）

生：点石成金、陈词滥调。

师：这就是作者咬文嚼字的 5 个例子。关于"咬文嚼字"，我们通常理解的是什么意思？

生：贬义的。

师：对。"咬文嚼字"一般解释为：过分地斟酌字词，死抠字眼，不领会精神实质。作者赋予这个成语一种新的意义，是什么？

生：必须有一字不肯放松的谨严。

师：作者提倡"咬文嚼字"，认为语言文字与思想感情有密切关系，文字的优劣要从它所表达的思想感情和表现的意境上去辨别，文字的运用要从思想感情的透彻、凝练、创新入手。学了这篇文章，你有哪些收获？或者说，这篇文章对你有哪些启发？大家畅所欲言吧。

生 1：连郭沫若用好一个字也颇费周折，说明用好语言文字很不简单，一定要细细品味，要有一字不肯放松的谨严态度。

生 2：要注意资料的积累、梳理。本文的材料丰富，如文中的《红楼梦》《水浒传》《屈原》《史记》等。无论是记忆中的，还是资料中的，都得靠积累。积累知识的方式有笔记、卡片、索引等。

生 3：我们咬文嚼字也要有思路，或由表及里，或由此及彼，这样品味才能到位。

生 4：修改作文是推敲文字是否能恰当地表情达意。

生 5：品味语言要独立思考，只要言之成理就行。

师：刚才大家的理解都非常不错，有阅读理解方面的，有写作方面的，也有积累方面的。但要注意人们接受某个观点容易，知道是什么比较容易，比较难的是怎么办。我们不能像一句北京俗语所说的"天桥的把式——光说不练"，我们还要用从大学问家那里学来的咬文嚼字的本领来解决问题。

师：初中我们学过杜甫的《春夜喜雨》，齐背一下。

（略）

师：从朱光潜先生提出的文字和思想感情之间的关系来赏析一下第二联中的"潜"字。

生：表达了作者对春雨的喜爱。

师：从哪儿看出来的？

生：润物细无声。

师：与"潜"有什么关系？

生：默默地滋润万物。

师：对了，回答问题要规范，先说明这个字的意思，再说明表达了作者什么样的感情。"潜"是悄悄的意思，目的是滋润万物，选择的时间是夜晚，不妨碍人们白天工作，悄然而至，默默奉献，无意讨好，所以寄托了作者对春雨的喜爱和赞美之情。鲁迅先生有一句诗"忍看朋辈成新鬼"，改成"眼看朋辈成新鬼"好不好？

生：不好，"眼看"没有"忍看"的悲愤意味。

师：很好，这就是朱光潜先生说的"从来没有一句话换一个说法而意味仍完全不变"的道理。既然这样，那么面对同一事物，不同作者用不同文字表达出来，感情也应是不同的。下面我们来比较一下毛泽东和陆游的《卜算子·咏梅》。齐背。

（补充《卜算子·咏梅》：

风雨送春归，飞雪迎春到。已是悬崖百丈冰，犹有花枝俏。俏也不争春，只把春来报。待到山花烂漫时，她在丛中笑。——毛泽东

驿外断桥边，寂寞开无主。已是黄昏独自愁，更著风和雨。无意苦争春，一任群芳妒。零落成泥碾作尘，只有香如故。——陆游）

师：两首词分别对梅花寄予了怎样的情感？

生：第一首寄予了敬慕，第二首寄予了怜惜。

师：从哪儿看出来的？

生：第一首词写在冰封雪冻的时刻，悬崖边上还盛开着俏丽的梅花。梅花虽然美丽，但并不炫耀自己，只是为了向人们报告春天到来的消息。等到百花盛开时，她在花丛中欣慰地笑了。第二首词写在黄昏中，独自挺立开放的梅花难免会有孤苦无依的愁苦，更何况环境如此恶劣，风雨交加，备受摧残。梅花朴实无华，不慕虚荣，不与百花争春，志节高尚，操守如故，就算沦落到化泥作尘的地步，还香气依旧。

师：说得太好了，再分别概括一下。

生：第一首中的梅花不畏严寒，报春，让贤；第二首中的梅花孤独，遭受妒忌，坚守气节。

师：最能表明作者感情的字眼分别是哪一个？

生："笑"和"愁"。

师：分别寄托了作者个人怎样的情怀？联系两人的经历和所处的时代来谈。

生：乐观豪迈和怀才不遇。

师：对，这就是知人论世。"咬文嚼字"正如福楼拜对他的学生莫泊桑所说："无论你所要讲的是什么，真正能够表现它的句子只有一句，真正适用的动词和形容词也只有一个，就是那最准确的一句、最准确的一个动词和形容词。其他类似的却很多。而你必须把这唯一的句子、唯一的动词、唯一的形容词找出来。"总之，在文学语言的运用上，不能离开这一条：细细锤炼，细细品味。

三、教学反思

本课的教学设计意在培养学生的阅读和表达能力，但在具体的教学实施过程中，又不自觉地落入传统教学的窠臼，因此整堂课前半部分较沉闷。而后半部分由于环节设计比较贴切，真正让学生动起来了，课堂气氛比较活跃，效果较好。通过这堂课，我体会到以下几点：每节课的教学内容应尽可能单一、集中，不宜面面俱到，什么都讲，应使学生的思维兴奋点集中于一两点，以便提高阅读的效果；教师必须充分重视课前的准备，尤其是选择讨论的案例或话题要具有代表性、价值性，否则，课堂的讨论活动会流于肤浅和形式化；要努力做到讲练结合、寓讲于练，把课堂真正还给学生。

四、点拨评价

本课教学目的明确，教学重点突出。学习这篇文章的目的在于让学生分析评价课文的观点，在课文内容和写法上获得一些启示，并能活学活用。案例就是据此而设计的。教师在教学过程中紧扣这几个目的来实施。把分析评价课文的观点作为教学重点也是很恰当的，在诵读和分析鉴赏中也突出了这一重点。

本课注重知识的迁移和能力的培养，发挥了学生的主体作用。教学过程中，优美的语言导入，中间还穿插杜甫、毛泽东和陆游等人的诗词，体现了迁移训练，既注重了方法的指导，又增大了课堂的容量，开阔了学生的视野。教学过程中引导学生积极主动地去学习，让学生自己筛选信息，分析、评价作者的观点，发挥了学生的主体作用。

第二节　现代文学作品的教学设计课例

中国现代文学学科的教学，主要任务是培养学生的文学素养，加强学生的实际能力，根据现代文学学科特点和具体教学内容，寻找最适合学生接受的途径和方法。

散文作品的教学设计课例

高中语文教学活动的发展是高中教育的重要组成部分，对学生的未来成长和发展具有重要的现实意义。像诗歌一样，散文不仅是中学语文教学内容的一部分，而且是一种非常独特的文学体裁。散文的特点意味着无论文章内容的格式有多大，文章都可以通过不同的表达方式和灵活的主题来解释作者想要表达的核心思想，主观情绪总是存在的。散文是一种独特的文学体裁，在整个高中语文教育中都存在。精致的演讲，深刻的意图和情感使学生在学习散文内容的过程中可以一遍又一遍地体验情感的缓解过程。了解如何使用语言表达情感想法。因此，高中语文教育阶段散文教育活动的发展，不仅丰富了学生在汉语领域的综合素养，而且促进了学生个人情商的发展，对学生未来的发展有着非常重要的实际影响，下面就以《铃兰花》为课例来展示如何进行散文的思维课堂设计。

《铃兰花》教学设计

沃兰茨

一、教师思考

《铃兰花》这篇课文是苏教版选修教材《现代散文选读》第二专题"难以忘怀的故事"的第三篇文章。这是一篇叙事性散文，记叙了少年时的"我"战胜恐惧为母亲采摘铃兰花的故事。

本文的教学对象是高二年级的学生，这个阶段的学生已经具备了一定的阅读鉴赏文本的能力，但是大多数学生在情感的挖掘上仍停留在较为肤浅的层面，因此，本堂课的教学旨在指导学生细读文本，感悟文章的精神内涵。

二、教学目标

(1)细读文本,体会文章细节描写之精妙。

(2)对话文本,感受爱与责任的力量。

三、教学重难点

(1)对文本中"我"两次进入"地狱"的恐惧心理进行解读。

(2)探究:是什么让我鼓起勇气完成独自采摘铃兰花这一壮举的?

四、课时安排

1课时。

五、教学过程

(一)导入

总有一次经历让我们瞬间长大,总有一些事情让我们终生难以忘怀。那些关于成长,关于青春的印记,会是我们一辈子的珍藏。今天,就让我们嗅着铃兰花的芬芳,共同见证沃兰茨的成长!

(二)预习检测

1. 正音

黑黢黢 qū   淙淙 cóng   耙 pá 子   闩 shuān 门

黄檗 bò   蕨 jué 草   馥 fù 郁   谛 dì 听

伫 zhù 立   绛 jiàng 紫色   青苔 tái   翘 qiáo 首

2. 课前安排

同学们进行了预习,现在你能不能用简洁的语言告诉老师本文讲了一个怎样的故事?

(学生讨论,总结归纳)

提示:不到六岁的"我"第一次独自去"地狱"放牧,因恐惧而逃回去;又在某一天清晨却勇敢地在"地狱"采回了一大把铃兰花的故事。

师:看得出来,通过课前预习,同学们对文本内容有了整体的把握。大家预习得很充分啊!

(三)研习文本

接下来，我们走入文本：(根据表格)围绕两次进入地狱，从原因、心情、结果等方面来做一个比较分析。(2分钟)

	第一次	第二次
原因	放牧(被迫)	采铃兰花(主动)
心情	恐惧	恐惧也兴奋
结果	跑出来 (落荒而逃)	采到铃兰花，跑出来 (激动和喜悦)

(1)问：通过对比我们可以看到，同样是"地狱"，不同的原因进入，心情和结果发生了很大的变化。

在文章的最后一段作者自己也说这是一次壮举，请思考：是什么让作者鼓起勇气完成了这次壮举？

生："一股神奇的力量"——我对母亲的爱，源于内心的责任感，对铃兰花的喜爱。

师：第一次是因为心底深处对地狱的恐惧，以及来自父亲的逼迫，所以除了恐惧还是恐惧。

第二次却是自己主动去的。这里有对母亲的爱和下意识的责任感，所以尽管依然恐惧，但是我却可以鼓足勇气闭着眼睛走到谷底，摘到铃兰花。源于爱的壮举，会让男孩们沉浸在幸福和无限喜悦之中，会不断增强他们下意识的责任感，会让他们实现成长超越！

(2)到这里我们不难发现，爱的力量是无穷大的，它可以让我们战胜恐惧和困难，让我们变得勇敢和坚强。那么，这种爱的力量是怎么激发出来的呢？

生：他的父母关于铃兰花的一番对话，(找学生读对话)母亲深深的叹息……

师：我们是不是可以把这番对话理解为是一种巧合呢？(点拨)这应该是父母教育智慧的结晶。

生：(点头称是，豁然开朗)

师：通过这组对比我们也看到，最好的教育未必是严厉的逼迫，也可以是用柔情和智慧去激发孩子的爱，激起孩子战胜困难和恐惧的勇气。

(3)如此看来，铃兰花已然成了一个情感的载体，大家来说一说，铃兰花有什么深刻的含义？(分别从父母和"我"的角度)

生：对沃兰茨的父母来说，是爱，是期盼，是殷切的希望；对作者来说，是奉献，是勇敢，是责任与担当。当然了，也是对母亲表达爱的载体。

通过学案的作者简介我们已经知道，作者的一生都笼罩在战火和死亡的恐惧之中，战火弥漫下的国家即是地狱。在南斯拉夫，铃兰花是国花。所以，作者讲述去地狱摘铃兰花的经历，就是在告诉祖国人民要勇敢地直面战争，这是多么深情的呼吁啊！

（四）精读赏析

时隔多年，对于作者来说铃兰花依然是让他刻骨铭心、难以忘怀的故事，作为读者的我们从文中读出一个男孩克服恐惧、战胜懦弱的勇敢，读出了父母智慧引领的苦心，体会了到爱和责任不仅给予亲人，而且也赋予我们生存的家园。

那么这篇叙事性散文是如何表达自己的两次刻骨铭心的生命经历的？请找出文章中的一些细节描写。（细节描写可以有景物细节，心理、行为、神态等）

1. 景物描写：（富于变化）

（1）读一读第 1 自然段、第 28 自然段和第 31 自然段分别是怎样写景的，如果从色调的角度去概括，三处景物描写各有什么不同？（大家可以用"景物色调＋心情"的模式去回答）（3 分钟）

答案：第一处，幽暗阴森，恐惧。

第二处，明朗温馨但沉重，有希望但依然害怕。

第三处，绚丽多彩，幸福、喜悦、容光焕发（超越自己战胜自己的幸福和喜悦）。

师：对于景物不一样的描写，渲染和暗示了我不一样的心情，正所谓色调即思想，或者一切景语皆情语。

（2）作者在表达自己两次的心路历程时除了细致的景物描写，还有细致的行为和心理刻画。

2. 问题引领（建议）

（1）从第 5～20 自然段找一找描写行为动作和心理状态的词语和句子，抓住"哭"这条线索。（写出了"我"的恐惧、勇气）作者用"我吓呆了，大声哭叫着从这里跑开了""怀着沉重而内疚的心情，跟在父亲背后""号啕大哭，把眼泪都哭干了，浑身哆嗦了好一阵"等细致地刻画出一个六岁孩子的内心世界，让人印象深刻。

（2）读第 23～36 自然段从"我全身不禁打了个寒战""我内心深处回响着母亲

的叹息声""充满惬意而奇妙的责任感""紧闭着双眼往下去""一直走到底部，我才睁开眼""兴奋而难过的心情""我一口气往家跑去""得意地大喊着""幸福、喜悦、容光焕发"。这些细节描写真实地再现了一个孩子克服怯懦的生命体验，进而完成人生的自我成长和超越。

结束语：男孩采摘铃兰花可以说是一种"跨越"式的成长，是自我人生历程中记录进步的一块碑石。向前行，或许成为孩子成长道路上永不熄灭的"励志心灯"；往后看，也可以照见我们每一个人留在时空里的"成长挣扎"的背影。相信再读《铃兰花》时，我们应该还会有更美好的发现。

（五）作业布置

借鉴本文细节描写的技巧，以《成长的背影》为题，写一篇叙事性文章。

六、教学反思

《铃兰花》作为一篇叙事性散文，讲述了少年时的"我"战胜恐惧为母亲采摘铃兰花的故事。文章胜在精彩的语言表达和巧妙的叙述方式。本堂课重在引领学生通过细读文本，体会文章细节描写之精妙，认识到爱与责任的巨大力量，从而提高学生的语言鉴赏和表达能力，并运用到今后的写作中去。

课堂的结构安排为：概述故事—通过图表对比，揭示主旨—品味细节和景物描写的语言之妙—借鉴手法、实践写作。把课堂分解为块状结构，课堂的内容由浅入深，较为符合学生的接受能力。

不足之处：

围绕教学目标的课堂预设，引领学生进行细品读的时候，对于文本的深度挖掘能力还有待于加强，特别是一些细节的变化，如第5—20自然段的对于"哭"的变化的比较，理解不够深入等。

关于议论文的教学设计课例

刚升入高中的一年级学生，对议论文的把握程度还只停留在运用引证和例证这两种最基本的论证方法来阐明一个道理的水平上，而其他论证方法如较常见的因果论证和比喻论证的方法还未掌握，并且他们的逻辑思维能力尚在进一步形成中。下面就以《拿来主义》为课例来展示如何进行议论文的思维课堂设计。

《拿来主义》教学设计课例

一、学情分析

如何通过有效的方法让他们突破重难点，领略比喻论证的魅力，学习运用比喻论证的论证手法，是教师要思考的问题。此外，学生的学习基础存在个体差异，比如：有的学生能快速找到拿来主义的定义，有的学生却较为困难，这部分同学可以指导他们用找关键语句、关键词等方法来解决问题，因材施教。

二、教学目标

(1)语言建构与运用：重要段落加强朗读，以加深对文章主要观点的理解。

(2)思维发展与提升：沉浸文本，互动探究，把握鲁迅杂文最突出的特点——对现象特征的高度概括和议论的形象化。

(3)审美鉴赏与创造：理解本文在批判中立论的方法，领会运用形象化的比喻和幽默讽刺的语言来论证论点的写作特色。

(4)文化传承与理解：理解鲁迅如何正确对待中外文化遗产，发扬"拿来主义"精神。阅读中外作品时注意吸取精华，剔除糟粕；体会学习作者强烈的社会责任感和文化责任感。

三、教学思想

教学内容的设计要源于教材而不拘泥于教材，并遵循由易到难、由简到繁、由表及里、逐层深入、循序渐进的组织原则。教学内容并不一定要面面俱到，教师的主要作用是培养学习兴趣，教给学生学习的方法、创作的思路。

学生不是被动的知识接受者，而是积极的信息加工者和意义建构者。教学要以学生为主体，充分发挥学生的主体性，把学习的主动权交给学生。

四、课程资源

搜集了关于鲁迅相关的资料，印发了鲁迅先生的若干杂文。

五、教学内容

《拿来主义》一文是鲁迅先生写的关于继承文化遗产方面的一篇杂文。鲁迅先生的杂文是"嬉笑怒骂皆成文章"，"犀利幽默"是其语言特点。因果论证、比喻论证是其突出的论证方法。另外本文形成于 20 世纪 30 年代，作者写此文有极强的针对性，这与今天学生的实际生活相隔半个多世纪之久。

六、教学重难点

(1)理解如何正确对待中外文化遗产。

(2)了解比喻论证等论证方法。

七、教学方法

(1)朗读法，只有反复诵读，才能领会其中丰富而深刻的思想内涵。

(2)讨论法，引导学生发挥集体智慧，分享合作的快乐。

八、教学工具

多媒体。

九、设计意图

《拿来主义》这篇文章，从厘清文章思路、学习写作方法、揣摩词语含义入手，进一步确定学习目标。本文的文章思路是先批判"闭关主义""送去主义""送来主义"，然后提出"拿来主义"，进而阐明如何"拿来"，及如何批判地继承文化遗产，这也是本文的重点。

本文最重要的论证方法是比喻论证，通过比喻论证正确理解"鱼翅""鸦片""烟枪""烟灯"等重点词语的含义，从而理解"拿来主义"的内涵，这样就把学习写作方法和揣摩词语含义有机地结合了起来。

十、预习任务

(1)利用网络、图书等资料了解作者鲁迅，了解文章写作背景。

(2)有感情地朗读课文，整体把握文章内容。

(3)通过概括段意，理解文章思路。

(4)尝试理解"拿来主义"的含义。

(5)复习以往学习的论证手法，通过查找资料了解比喻论证等论证方法。

(6)默读课文，边读边勾画关键语句，对于理解有难度的语句，可以同学之间探讨。

十一、教学安排

1 课时。

十二、教学过程

（一）导入

同学们都知道哪些主义啊（开门见山，直接引入主义），那么主义是什么呢？（引入主义概念）明确：主义就是一种重大的原则主张、社会制度、思想作风等。听说过那么多的主义，有没有听说过"拿来主义"啊？今天让我们一起来了解一下。（此教学环节重在师生之间的互动，引入主题）

每一个主义的提出都要解决三方面的问题，即"是什么、为什么、怎么办"，拿来主义也不例外，我们先来解决第一个问题"是什么"。（此环节重在引出整个文章结构）

（二）初读感知

阅读文章，想一想"拿来主义"是什么？（学生快速浏览课文找出关键语句，此环节考查学生筛选整合的能力）

明确：拿来主义："运用脑髓，放出眼光，自己来拿。"

（三）探究文本

探究一：

大宅子比喻什么？文章列举了哪三种对待大宅子的错误态度？在回答大宅子是什么问题时引入背景链接。（此环节重在通过背景分析理解大宅子的含义）

背景链接：20 世纪 30 年代，国民党奉帝国主义政策，实行反革命文化围剿，主张"全盘西化"；在"左翼"文艺队伍中一些人反对继承中国传统文化，对外国先进文化也拒绝吸收，主张"全盘否定"。在这种情况下，鲁迅先生于 1934 年 6 月 4 日写下这篇杂文，鲜明地提出了"拿来主义"主张。这是作者关于文化遗产批判继承问题最重要最深刻的文章。（学生来读）

了解了背景，让我们解决探究一中对待大宅子的三种错误态度问题（教师范读），然后同学们思考后回答。

明确：①孱头徘徊不敢走进门

②昏蛋放一把火烧光

③废物欣欣然接受一切

显然，作者对这三类人是持批判否定的态度。本段末句中的"全不"，足见作者的态度，那么可以得出结论"拿来主义"才是正确的，这其实就是对比论证。那么，真正的"拿来主义"者应当是怎样的呢？"占有，挑选"。先占有，后挑选。如何占有、挑选，请同学们探究这个问题。

探究二：

大宅子里有哪些东西，该如何对待？（学生集体朗读此环节解决"怎么办"的问题，并引出比喻论证）

所有这些比喻，就将怎样"挑选"说得既清楚透彻，又具体形象。用精练的语言加以概括就是：取其精华，弃其糟粕，即批判地继承。这种态度和方法同样适合于外国的文化遗产。

中国的文化博大精深，文化类型多种多样，要想论述清楚对待它的态度并不是一个简单的问题，但是鲁迅先生却用了"姨太太""鸦片""烟枪""烟灯"等比喻生动地给我们论述清楚了对待文化遗产的态度问题，这就是比喻论证的魅力。（此环节引出比喻论证的概念及作用）

（四）研读思考

解决了"怎么办"的问题，还有最后一个问题要解决，那就是"为什么"：作者为什么要提出"拿来主义"？在提出拿来主义之前，鲁迅先着重批判了哪些主义？

明确：

闭关主义——盲目排外，抱残守缺（破）

送去主义——有来无往，沦为乞丐（破）

送来主义——嗟来之食，经济侵略（破）

拿来主义才是最好的（立）

"破"，是铺垫，是蓄势。论述自己主张的时候，也是"破"在前头，先把一些不正确的态度加以分析批判，然后再论证自己的主张。这样，观点明确、中心突出。"破"得彻底，"立"得才牢靠。

（五）课堂总结

通过本节课的学习，老师可以看到同学们的深刻理解力，鲁迅在本文中首先批判了落后挨打的闭关主义，亡国灭种的送去主义，大受其害的送来主义，批判了对待文化遗产的三种错误态度：逃避主义，虚无主义和投降主义。阐明了对待文化遗产的正确主张"拿来主义"。它是鲁迅先生的创造即批判地继承文化遗产，和毛泽东的"古为今用，外为中用"是一致的。

（六）技法突破

最后，让我们再次感受比喻论证的魅力。

运用比喻论证前：

A. 面对苦难我们不能一味畏惧退缩，苦难不会因为你的畏缩而消失，我们应该直面困难，同困难做斗争，战胜它。（干瘪、枯燥、说教，毫无趣味）

运用比喻论证后：

B. 苦难像条狗，你越怕它，它就越凶，撵得越紧。如果你勇敢些，弯下腰，捡起一块石头，狠狠朝它扔过去，它就会被吓得落荒而逃。（生动形象、通俗易懂，妙趣横生）

（七）学以致用

请以"信念"为话题，用比喻论证写一段话，论证信念的重要性。

答案示例：信念是夸父逐日时不停的脚步，信念是雨中航行时对岸不灭的灯塔，信念是狂风肆虐时苍鹰不停歇的身姿。

拥有信念，一根小小的火柴，可以点亮一片心空；拥有信念，一片小小的绿叶，可以装点整个春天；拥有信念，一叶小小的扁舟，可以惊动一片海。

小结：如若今天的课堂让同学们的写作能力有些许的提高，也是这节课的意义所在。

十三、教学评价

教学过程是一个复杂的问题，教学过程中对学生的训练也应是多层次、多结构的。训练不仅仅体现在课堂上的巩固练习，而应是贯穿在教学过程的各个环节上。教师连贯、准确、富有逻辑论证性的讲述就是对学生科学思维方法的训练，教师精心设计的思考题、讨论题都是对学生思维能力的训练，本节课在这方面做得很好。

十四、课后作业

以"如何对待外来文化"为话题，对今天我们课上讨论的问题做一个总结，运用比喻论证等论证方法写一篇议论文。

报告文学的教学设计课例

报告文学是文学体裁的一种，是从新闻报道和纪实散文中生成并独立出来的一种新闻与文学结合的散文体裁，也是一种以文学手法及时反映和评论现实生活中的真人真事的新闻文体。报告文学具有及时性、纪实性、文学性的特征。作为语文课程教学的组成部分，报告文学作品的教学应以语言文字为主要教学对象，而品味欣赏则是针对文学作品语言而采取的重要教学方式。下面就以《包身工》为课例来展示如何进行报告文学的思维课堂设计。

《包身工》教学设计课例

一、教学目的

(1)通过包身工日常生活的三个特写镜头了解包身工的悲惨生活。

(2)学习点面结合的方法叙事写人。

(3)通过解说词，了解包身工的含义和包身工制度。

(4)通过把握文章的时代意义和人文内涵，开拓学生思维，引导学生关注社会，关心时事，培养学生的社会责任感和人权意识。

二、教学重点

(1)把握课文描写包身工一天的悲惨生活的三个特写镜头。

(2)探究作者在描写包身工的群体生活时是如何做到点面结合的。

三、课时安排

1课时。

四、教学过程

(一)导入新课

(约5分钟)(展示作者照片)

师：同学们，你了解夏衍吗？

生：夏衍在中国现代化电影史上起到过十分重要的作用，20世纪30年代，夏衍进入了文艺领域，创作了大量的戏剧与电影，成为了中国电影界的先锋人物，其代表作有《憩园》《上海二十四小时》《春蚕》《狂流》等。（出示关键词：20世纪30年代中国电影界的先锋人物，《憩园》《上海二十四小时》《春蚕》《狂流》)等）

师：夏衍的文学作品创作极大地受到了电影创作艺术的影响，特别是在《包身工》一文中应用了大量的影视剧创作手法、特写镜头等。这些特写镜头有机结合起来呈现出了包身工的悲惨生活。从这种镜头的呈现中，通过点面结合，让我们可以窥视到包身工的悲惨生活。

除此以外，夏衍还在特写镜头上增加了解说词，让读者明白了这一制度形成的原因，展现出了当时社会的悲哀。

（二）学习特写镜头构思全文的方法

问：什么是特写镜头？

明确：特写镜头简称"特写"。电影中拍摄人像的面部，人体的某一局部，一件物品的某一细部的镜头。

追问：本文记录了几个特写镜头？

明确：

三大特写镜头——起床、早餐、上工特写

（出示关键词：特写镜头、起床、早餐、上工特写）

师：昨天我们通过小组合作学习的方式基本完成了本文三大特写镜头的解读，现在请同学们展示本小组的学习成果。

文章哪部分内容是起床特写？（第1～6自然段）

生1分享：起床特写（约5分钟）

1. 问题设计（出示投影，生据问分享）

(1)她们什么时间起床？

明确：四点过一刻，晓星才从慢慢地推移着的淡云里面消去。

(2)作者用了哪些词语描写她们起床时的情景？

明确：打哈欠、叹气、寻衣服、穿错鞋子、胡乱踏、叫喊小便。

（动作描写）

(3)这个场面给人一种什么感觉？请用一个词概括。

明确：乱哄哄。

(4)她们的居住环境如何？

明确：七尺阔十二尺深、横七竖八、十六七个，环境恶劣。空气中充满汗臭粪臭湿气、居住狭窄、空气污浊。

板书：起床特写——住宿恶劣

(5)哪些行为表现了她们的精神面貌？

明确：争夺马桶、半裸体起来开门——精神迟钝麻木、狼狈不堪。

(6)课文中她们被称作什么？这说明了什么？

明确：①生物、猪猡、懒虫。②这些花季少女，已经失去了作为人的起码称呼，那些老板们也根本没有拿她们当人看、非人待遇。这些豆蔻年华的少女因为长期过着非人的生活，疲倦拥挤杂乱，失去了女孩子腼腆害羞爱漂亮天性。

(7)在读了这个场景之后，你们最急于想知道的是什么？

明确：包身工的身份与来历。

师：作者介绍了包身工的身份与来历（第1～3自然段）、带工老板"手面"和财产（第4自然段）。这就让我们看到，包身工是在那种社会制度和生活环境下才变得麻木不仁的。

师：文章哪部分内容是早餐特写？（第5自然段"几十只碗，一把筷子"至后一页第1自然段）

生2分享：早餐特写（约5分钟）。

2. 问题设计（出示投影，生据问分享）

(1)她们早饭吃什么？

明确：薄粥，粥菜？不可能有的。

(2)她们怎样吃早饭？

明确：一窝蜂地抢一般、用舌舔碗边、四散蹲伏、站立在路上。（动作描写）

(3)吃不上早饭的包身工吃什么？

明确：老板娘特意制作的美食。

生齐读：于是老板娘拿起铅桶到锅子里去刮一下锅焦、残粥，再到自来水龙头边去冲一些清水，用她那双才在梳头的油手搅拌一下，气哄哄地放在这些廉价的、不需要更多维持费的"机器"们面前。"死懒！躺着死不起来，活该！"

(4)在这个场景里面，作者想告诉读者什么？

板书：早餐特写——饮食恶劣

(5)请问日本人为什么要使用包身工？

明确：工作可靠、容易管理、价格低廉。

师：这就深刻地揭示出了资本主义的吃人本质。从这一层面而言，解说词已经成为文章的重要组成部分，这对于深化主题有着十分积极的效果。

师：请同学们浏览第 3 自然段至后一页倒数第 3 自然段，并回答包身工面临哪三大威胁和哪三大危险？

生齐答：三大威胁——音响、尘埃、湿气；三大危险——殴打、罚工钱、停生意。

师：带工老板最青睐的处罚就是殴打，包身工是如何挨打的？我们一块来看她们是如何挨打的。

生分享：(小福子)挨打特写(约 5 分钟)

3. 问题设计(出示投影，生据问分享)

(1)小福子为什么受惩罚？

明确：整好了烂纱没有装起。

(2)小福子受到了什么惩罚？

明确："拿摩温"打她，东洋婆罚她头顶皮带盘心子，向着墙壁站立。

(3)由小福子受罚这件事看出包身工受罚有怎样的特点？

明确：随意性、残酷性、多样性。

典型地表现了她们劳动环境的恶劣，受压迫的惨重，遭受的是非人待遇，这一典型事件是对前面包身工非人劳动环境的的一个有力的补充，形成面和点的有效结合。

板书：上工特写——工作条件恶劣

(4)除此之外，作者还介绍了什么？

明确：除此之外，作者还介绍了出入厂凭证(包身工打印子的簿子)，以及东洋厂"飞跃地庞大"起来的许多具体数字等。这样的穿插，使得文章既展现了生活现象，又揭示了社会本质。

师总结：按照时间顺序，抓住"包身工"们一天生活的三个特写镜头，从住、吃、劳动条件等方面描述了包身工的非人般生活。在作者精巧的构思下，一幅血淋淋的包身工生活图画展现于读者面前。

板书：非人生活

(三)学习点面结合的写法

师：作者从自己想要表现的主题为出发点，并未局限在特定的镜头中，而是重点描写了"芦柴棒"，从"芦柴棒"的身上看到了其他包身工的镜头，该种描写方式有着极强的画面感。下面，让我们一起探讨。

1. **问题设计（出示投影）**

（1）勾画描写"芦柴棒"的语段，并思考三个片段分别从哪些角度来写"芦柴棒"的？

明确：

第一次，由老板喊她的名字而写出她那"手脚瘦得像芦棒梗一样"的外貌。

第二次，写她病倒了，尽管是急性的重伤风，尽管"她很见机地将身体慢慢地移到屋子的角上，缩做一团，尽可能地不占地方"，尽管她"用手做着手势，表示身体没力，请求他的怜悯"，但是老板为了不丧失一天的利润，还是要用各种毒辣的手段来强制她做工。

第三次，写她身体瘦得像骷髅一样，甚至连"抄身婆"都不愿意用手去接触她的身体，即使这样，老板也绝不放她回去。

（2）作者详细刻画"芦柴棒"，有什么作用？

明确：①"芦柴棒"是众多包身工中的一个典型人物。首先，作者虽然写的只是一个"芦柴棒"，但是读者看到的却是成百上千个"芦柴棒"。其次"芦柴棒"遭毒打、受折磨的情景，是包身工经常受到的虐待和污辱的缩影。最后，老板要芦柴棒"做到死"，也是每个包身工最终都不可逃脱的厄运。

②通过对"芦柴棒"悲惨遭遇的描述，具体而深入地反映了包身工被压榨、被摧残的悲惨命运。"点"与"面"有机结合，让画面内容变得更加丰富，有效地反映出了主题。

2. **追问：什么叫点面结合**

明确：面，就是一般的概括性的材料。点，就是一些典型的人物、典型事例和典型细节。这两方面的材料是骨架和血肉的关系，"面"上的描述搭起了一个包身工悲惨生活的概括性材料，"点"的刻画则是填充其中的具体性材料。"面"上的材料使文章的内容充分，典型突出的"点"上的材料使文章内容深刻鲜明。点面结合，相得益彰，增强了文章的说服力和感染力。

［出示关键词：面（骨架）——概括性材料——内容充分；点（血肉）——具体性材料——深刻鲜明］

（四）了解解说词，并分析其作用

问：什么是解说词？

明确：是对人物、画面、展品或旅游景观进行讲解、说明、介绍的一种应用性文体。采用口头或书面解释的形式，或介绍人物的经历、身份、所做出的贡献

（成绩）、社会对他（她）的评价等，或就事物的性质、特征、形状、成因、关系、功用等进行说明。就电视专题片的解说词而言，它是对电视画面内容的文字解释和说明。如央视的美食类纪录片《舌尖上的中国》。

问：本文哪些内容属于解说词？有何作用？

明确：

（1）解说词包括，①在起床特写同时，作者介绍了包身工的身份与来历、带工老板"手面"和财产。这就让我们看到，包身工是在那六种社会制度和生活环境下才变得麻木不仁的。②在早餐特写同时，作者介绍了日本工厂使用包身工的原因，这就深刻地揭示出了资本家的吃人本质。③在上工特写同时，作者介绍了出入厂凭证，以及东洋厂"飞跃地庞大"起来的许多具体数字等。这样的穿插，使得文章既展现了生活现象，又揭示了社会本质。

（2）作用：特写镜头从住、吃、劳动条件等方面描述了包身工非人般的生活和形象；点面结合，让画面内容更加丰富而深刻；解说词则是文章的重要组成部分，以精确数据、精辟分析和评论揭示了包身工制度产生的根源，愤怒控诉了帝国主义和买办势力的残酷剥削和掠夺中国工人的罪行。三者互相交织、互相配合、互相补充，这样，就收到既形象又深刻，既有感性认识，又有理性认识的艺术效果。

（五）拓展迁移，分析其现实意义

师：除了领会以上所分析的作品主题外，我们能否探究《包身工》一文的现实意义？比如人权、尊严等。生存权是人权的核心要义。在《包身工》一文里，包身工囚服式的衣着、拥挤不堪的居住环境、低劣的饮食和恶劣的工作条件，无不说明她们所受到的非人待遇与折磨。

包身工"猪猡""懒虫""生物"等污辱性称谓，不知羞耻的植物人状态，以及"在这千万被饲养者中间，没有光，没有热，没有温情，没有希望……没有法律，没有人道"的生存背景，无不显示出她们被践踏的命运。人权何在？尊严何在？所以，我们认为，《包身工》一文的主旨，除了控诉、揭露东洋资本家与买办势力的罪恶外，还应包括作者对人性的唤醒以及对人权的诉求。

追问：通过你的了解，现代社会中有类似践踏工人人权的现象吗？

请看媒体中关于"黑煤窑"事件的几个题目。（投影"黑砖窑""黑煤窑"）

当我们看了这些惊心动魄的照片之后，我们发现《包身工》所报道的事实又与媒体频频曝光的"黑砖窑""黑煤窑""家庭作坊"事件有着惊人的相似，所以教材重新选入这篇文章具有非凡的现实意义。

小说的教学设计课例

高中语文学科核心素养包括"思维发展与提升"与"审美鉴赏与创造"，在思维方面，学生需要丰富对文学作品的感受与理解，增强形象思维能力；探究和发现文学现象，形成自己对文学的认识。在审美方面，学生需要能够欣赏、鉴别和评价不同时代、不同风格的作品，培养高尚的审美情趣和审美品位，并具有独创性。学生要达成深入理解、探究评价、独创性等学习目标，了解小说的要素和艺术手法，进而从不同角度去欣赏小说。下面就以《装在套子里的人》为课例来展示如何进行小说的思维课堂设计。

《装在套子里的人》教学设计课例

一、学情分析

学生通过学习已经对小说常识和鉴赏方法有了一定了解，但大多数学生在阅读小说时会把注意力放在小说的故事情节上，忽略了对人物形象的深度把握、主题的深度探究，需要老师加以引导。对于主题的深度探究和人物所具有的现实意义都需要老师引导学生共同归纳总结。课文背景时代与学生目前的生活环境有巨大差异，学生对此类文章缺乏深入阅读的热情，把阅读重点仅仅放在理解情节之上，人物命运不能对其引起共鸣，不能使其产生触动，因此目标的设置不能太难，让学生自己去体会人物与主题是关键。

二、教学目标

(1)语言建构与运用。揣摩小说中的人物语言是如何表现人物性格的，注意语言运用的技巧。

(2)思维发展与提升。把握别里科夫的性格特征，分析其成因。

(3)审美鉴赏与创造。从结构、情节等方面欣赏这篇小说"讲故事"的艺术，体会契诃夫小说幽默讽刺的风格。

(4)文化传承与理解。体会这篇小说的社会批判意义。

三、教学思想

以学生为主体，让他们充分地参与到课堂中来，以期实现教学效果的最优化。

四、课程资源

多媒体课件、图书馆资料。

五、教学内容

《装在套子里的人》是俄国作家契诃夫创作的短篇小说。在这篇小说中，契诃夫塑造了一个性格孤僻、胆小怕事、恐惧变革、想做一个纯粹的现行制度的"守法良民"别里科夫。别里科夫的世界观就是害怕出乱子，害怕改变既有的一切，但是他的所作所为，在客观上却起着为沙皇专制助纣为虐的作用。可以说是专制制度毒化了他的思想、心灵，使他惧怕一切变革，顽固僵化，他是沙皇专制制度的维护者，但更是受害者。因而可以说别里科夫成为了害怕新事物、维护旧事物、反对变革、阻碍社会发展的人的代名词。

六、教学重点与难点

(1)重点：了解别里科夫是一个怎样的人，以及这个人物的典型意义；学习抓住肖像、语言、行动和心理活动的描写来刻画人物的方法。

(2)难点：理解本文主题，并联系实际扩展其丰富的内涵。

七、教学方法与工具

(1)方法：情景教学法、讨论法。
(2)工具：多媒体。

八、设计意图

本文设计上采用破案的形式，调动学生的积极性，让学生在逐步深入调查的基础上找出事情发生的根源，对当时沙皇专制统治有更深了解。

九、预习任务

(1)熟读课文，概括人物形象。
(2)初步感知课文主题。

十、课时安排

1课时。

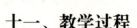

十一、教学过程

（一）导入解题

1898 年夏季的一天，沙皇统治下的俄国，在一所中学的男教工宿舍里，发生一起命案。据查，死者为该校希腊文教师别里科夫，死因一直未明。今天，我们班特成立专案组，对这一事件进行立案调查，代号《装在套子里的人》简称《套中人》。调查涉及四个选题：案发背景、死者档案资料、现场勘查、有关人士采访。要求：分为四个小组，每个小组做一个或者多个选题，然后小组讨论，写出该项调查报告，基本格式如下：

自杀？他杀？——"别里科夫之死"专案组调查报告

案发背景：……

现场勘查：……

本人档案资料：……

有关人士采访：……

结案报告：……

（二）调查研讨

首先学生讨论交流、合作写作。然后各小组展示调查报告，师适时点评。每个组各派一名代表宣读"结案报告"，对结案报告中的不同意见发表自己的看法。

1. 案发背景

1898 年，沙皇统治下的俄国。由于受欧洲进步文明的影响，俄国人民要求自由民主的呼声越来越高，但沙皇政府为巩固其统治，却采取一切手段进行镇压，禁锢人们的思想言论，全国警探遍布，告密者横行，人们生活在沉闷乏味和忧惧之中。

这年夏季的一天，人们在一所中学的男教工宿舍里，发现了一具死尸，死者为男性，中年，属非正常死亡，死亡原因疑点很多。死者生前为该校希腊文教师，平时行为古怪，谨小慎微，但又刻板古旧，以他的思想辖制着全城。在这年的五月初突然病倒，大约一月后死亡。死前正处于恋爱中，甚至于打算结婚。

（设计意图：背景介绍，尤其是当时的社会环境更易抓住事情的本质，了解根源。）

2. 现场勘查

死者僵直仰躺在床上，被子蒙头，头发蓬乱，脸色苍白，眼球突出，一脸恐惧，似乎生前正遭受某种恐吓或痛苦；耳内塞有棉花球；身穿羊毛衫，床头堆放有黑眼镜、棉大衣，床边放有雨鞋、雨衣、雨伞；房间里没有任何打斗的迹象；一张女士照片扔在地下，一张漫画揉成一团。最令人奇怪的是，房间的大箱子里几乎存有政府多年所有的公告和文件，并标注着具体发布日期。（设计意图：这个场面需要学生根据别里科夫的日常表现来加工想象，以深化对人物形象的理解）

3. 死者档案资料

姓名：别里科夫

性别：男

出生日期：不详

生前职务：某中学希腊文教师

住所：校男教工宿舍

婚配情况：未婚

口头禅：千万别出什么乱子

特征：晴朗的日子也穿雨衣、雨鞋、带雨伞，穿棉大衣，竖起衣领，戴黑眼镜，穿羊毛衫，用棉花团堵着耳朵眼儿。

人际关系：无密友，但却辖制全城，曾与女友密哈益·沙维奇·华连卡之弟柯瓦连科有过冲突，于死前一个月被其推下楼梯，但彼此没造成大的伤害。

死前状况：郁郁寡欢，闭门不出达一月之久。

死亡日期：1898 年 6 月底或 7 月初。

其他组补充：

特征上：把什么都装在套子里，如雨伞、手表、小刀，坐车也支起车篷。卧室像一个箱子，床上挂着帐子，一上床就拉过被子蒙上脑袋。就像一个装在套子里的人。（有形的套子）

还有其他补充的吗？

思想上：极力藏在一个套子里，歌颂过去，教授古代语言逃避现实生活，只相信政府和报纸，讨厌不合规矩的事，禁闭开除学生。（无形的套子）

总结：一个性格孤僻、胆小怕事、恐惧变革、想做一个纯粹的现行制度的"守法良民"别里科夫。他害怕改变既有的一切，他的所作所为，在客观上却起着为沙皇专制助纣为虐的作用。可以说是专制制度毒化了他的思想、心灵，使他惧怕一切变革，顽固僵化，他是沙皇专制制度的维护者，但更是受害者。既可憎、可恶又可悲、可怜。

我有一个疑问：为什么这样一个人会辖制全城十五年呢？他的威力怎么这么大？他是市长吗？

明确：整个城市的人们是被一种恐惧笼罩着，就连别里科夫也是时时刻刻生活在一种恐惧当中，过着人不人、鬼不鬼的生活，他不但不知自己的"奴隶"身份，而且想极力地让"全城的人"都生活在"做稳奴隶的时代"。恐惧使他的同事们敢怒不敢言。而恐惧产生的根源是渗透在人骨子里的奴性和漠然，这一切都是谁造成的呢？

通过案发背景我们知道，受沙皇政府的毒害，别里科夫的言行与思想都与沙皇专制制度一致，他自觉维护旧制度、旧思想。别里科夫之所以能辖制全城，是因为他的背后有强大的沙皇统治作为后盾。

那他死前有什么遭遇呢？

漫画风波：脸色发青，比乌云阴沉，嘴唇发抖。天下竟有这么歹毒的坏人！胆小怕事。

自行车事件：脸色由发青变成发白。这还成体统吗？保守落后，惧怕新事物。

与柯瓦连科发生冲突：脸上带着恐怖的神情，脸色苍白。把谈话内容报告给校长。因循守旧，虚伪保守。（设计意图：通过各种细节，来了解小说主人公别里科夫的人物形象，更好地探讨小说主题）

4. 有关人士采访

(1)华连卡问：请问您与别里科夫关系如何？答：由于校长太太的竭力撮合，我们差一点结了婚。问：差一点儿？为什么最终没结成呢？答：他生病前的一天到我家，从楼梯上滚了下来，那实在是太可笑了。（忍不住想笑）问：那他怎么会从楼梯上滚下来呢？答：这个我不太清楚，您还是去问我弟弟吧。

(2)柯瓦连科答：那天晚上他来我家，乱七八糟地说了一些奇怪的话，令我非常气愤，于是就让他走，他却威胁我，说要把我们的谈话内容报告校长，我一气之下，就推了他一把，没想到他居然滚下去了。问：那么他说了什么让您如此生气呢？答：他总是有那么多奇怪的想法干扰我的私生活，什么不许骑自行车，不能在大街上拿着书走，甚至不能穿绣花衬衫，简直荒谬透顶。我本来就不喜欢这个人，这一来更讨厌他了。问：那么这件事会不会成为他死亡的原因呢？答：噢不，这绝对不可能。因为他当时安然无恙地爬了起来，离去时步伐也很稳健。

但他当时看到我姐姐，好像十分尴尬。

（3）"我"（布尔金）问：您觉得别里科夫是个怎样的人呢？

答：一个怪人。您要是见过他一面，就决不会忘记他。因为即使在暖和的天气里，他也裹着棉大衣。还有，他总是说"千万别出什么乱子"。

问：您认为华连卡的笑对他有什么影响吗？

答：噢，他一定想不开的，要知道，他这种人最害怕出乱子了，眼下就要跟华连卡结婚，自己却闹出这么个乱子，他心里一定受不了的。

问：有什么人和他结过怨吗？

答：没有。但实际上每个人都讨厌他，不会有人会为他的死亡悲伤。但也决没人会冒着危险去杀他，全校甚至全城的人都受着他的辖制，什么事都怕呢。

问：您去参加他的葬礼了吧，他的葬礼上为什么人们感觉是大快人心的呢？

答：他反对一切新生事物，扼杀自由和进步，他的存在让许多人生活在压抑和窒息的环境中，他的死使大家有了一种解脱感。

问：你们解脱了吗？

答：没有，一周后生活又恢复旧样子了。像他这种套子里的人太多了。（设计意图：通过对周围人的调查介绍，更好地挖掘小说的主旨）

5. 结论

别里科夫的死系性格抑郁型的自杀。

其他意见：别里科夫之死既属于他杀的范畴，又属于自杀的范畴。一方面，从别里科夫日常穿着与习惯，我们不难看出他的思想是极为保守的，仅仅是看到华连卡兄妹骑自行车，他便无法接受，而华连卡并无恶意的笑就足以让他想不开，以至郁郁而死，因此，思想的保守和顽固，是促使别里科夫自杀的原因之一，或者说，正是这种极端保守顽固的思想杀死了他。但从根本上说，原因却是沙皇统治者黑暗、专制的统治。（设计意图：抽丝剥茧，得出结论）

6. 领悟小说主题

听完大家的分析，我感到心情很沉重啊，虽然别里科夫死掉了，但生活中还有很多类似他这样的人，我们怎么才能避免更大的悲剧呢？怎么才能从根源上改变这种现象呢？

明确：推翻沙皇的残酷统治，从根本上解除僵化陈腐的思想，要让生活有新气象，必须变革社会，革新思想。别里科夫临死前，柯瓦连科"推"，别里科夫"摔"，华连卡"笑"，别里科夫"死"，这充分表明像别里科夫式的人物终将被送进坟墓，沙皇统治必将灭亡。（设计意图：层层深入，找出问题根源所在）

（三）延伸拓展

讨论：在现实生活中是否有这样或那样的"套子"？如果有，套子是什么样的？"套中人"又是怎样的形象？

讨论之后，师生共同小结：无论什么时代，哪类社会都有不同形式的"套子"，"虚荣"是一种套子，"名望"是一种套子，"金钱"是一种套子……因为时代的发展，社会进步，总会有变革，而改革开放最大的阻力就是有各种的"套子"，反对变革的人就是"套中人"。作为新时代的青年，我们应该有理性，要敢于怀疑，善于鉴别，改变陈旧的思维模式，形成开放的眼光和主体意识。（设计意图：拓展延伸，增加小说的现实意义）

（四）课堂小结

恭喜大家顺利完成了这次侦查破案工作，在这里我们要感谢把这个案例保留下来的契诃夫先生，他是一位伟大的作家，和欧亨利、莫泊桑并称世界三大短篇小说家。他的小说幽默犀利，极具讽刺意义。最后，送给大家一句契诃夫的名言：不要容你自己昏睡，趁你还年轻力壮，血气方刚，要永不疲倦地做好事情。

十二、课后评价

本节课设计新颖，让人眼前一亮，既有效地吸引了学生的兴趣，又把人物形象分析、探究主题融人课堂中，这就是一堂创新的课堂。

十三、课后作业

阅读《小公务员之死》。

第三节　古代文学作品的教学设计课例

中国古典文学历史悠久，不仅在国内广为流传，也在世界范围内享有声誉，但是当前，在初中语文教育中，学生们对古代经典文学作品缺乏了解，导致他们在学习时容易出现困难，这种问题的出现有教师自身的原因也有学生个人的原因。因此教师需要重视古代经典文学在高语文教学中的重要性，引导学生感受古代经典文学作品的价值和意义，要求平时多读多了解一些古典经典文学作品，多方面感受其中蕴含的经典文化。

《声声慢》教学设计课例

一、学情分析

在本首词之前，学生学过柳永、苏轼、辛弃疾这三大家的作品，对词的文体常识和基本鉴赏方法已有所掌握，对豪放婉约的风格特点也有大体认识。学生对李清照的身世经历、靖康之耻以及豪放、婉约的风格都掌握得不深，李清照的这两首词如果不了解词人的人生遭遇就很难把握词中深层的感情内涵。语文高一上册的第一单元专项教学诗歌，教师已经比较系统地讲授了形象与意象的概念、特点，并初步培养了学生分析诗歌意象、品味诗歌意境与情感的能力，这一点对学生学习本课是很有利的。

二、教学思想

教学内容的设计要源于教材而不拘泥于教材，应遵循由易到难、由简到繁、由表及里、逐层深入、循序渐进的组织原则。教学内容并不一定要面面俱到，教师的主要作用是培养学习兴趣，教给学生学习的方法、创作的思路。

学生不是被动的知识接受者，而是积极的信息加工者和意义建构者。教学要以学生为主体，充分发挥学生的主体性，把学习的主动权交给学生。

三、课程资源

搜集了与李清照相关的资料。

四、教材内容

《声声慢》这首词选自人教版语文高一上册的第三单元，第三单元汇集了不同时期不同体式的诗词名作。这是一首婉约词，本诗是李清照南渡以后的名篇之一，写词人历经国破家亡后的愁苦悲戚，是词人情感历程的真实写照，也是时代苦难的象征，堪称宋词的经典。

五、设计意图

本课的学习将引导学生深入熟悉诗词鉴赏的基本方法，为以后进行诗歌鉴赏打下坚实的基础。

六、教学目标

(1)语言建构与运用。诵读全词,把握意象特征。

(2)思维发展与提升。赏析诗歌使用的艺术手法,感受意境美。

(3)审美鉴赏与创造。体会婉约词的写作特点及风格特征,比较豪放词与婉约词的不同。

(4)文化传承与理解。理解词人通过意象抒发哀伤凄苦情感。

七、教学重难点

提取意象,感悟意境,体味情感。

八、教学方法

(1)教法。①朗读法,只有反复诵读,才能领会其中丰富而深刻的思想内涵。②讨论法,引导学生发挥集体智慧,分享合作的快乐。

(2)学法。根据"以学生为主体,教师为主导"的原则,采用"自主、合作、探究"的学习方法,把主动权交给学生,以调动学生的积极性和主动性,让学生充分理解文本。

九、教学工具

多媒体。

十、课时安排

1课时。

十一、预习任务

(1)查找相关资料了解李清照生平。

(2)利用早读熟读成诵,初步感知两词。

十二、教学过程

(一)导入

中国文坛上有这样一位奇女子,她天真烂漫,浅唱:"争渡,争渡,惊起一滩鸥鹭。"她哀婉惆怅，低吟：此情无计可消除，才下眉头，却上心头。她是女儿身却有着男儿的铮铮铁骨，大声喊出："生当作人杰，死亦为鬼雄。"

她是谁啊？她就是我国婉约派词人李清照，今天我们一起来学习她的作品《声声慢》，进一步认识这位乱世中的女神。

（二）出示目标

（1）诵读全词，理解词的内容。
（2）分析意象，体会词人情感。

（三）初读，把握字音节奏

学生读；学生评；老师指导阅读（这首词的基调是低沉哀伤的，读的时候语速要缓慢，语调要低沉，注意语调的抑扬）。

（四）再读，把握情感

问题1：这首词表达了词人怎样的情感？用词中的一个字概括。
明确：愁。
问题2：词人为何而愁？
明确：出示词人经历及写作背景。

由背景可知，李清照前期生活幸福美满，后期悲惨凄凉，有山河破碎之愁，丈夫离世之愁，所遇非人之愁，可见其愁苦之深。

（五）品意象，体会情感

问题：李清照如何将这种愁情传达出来的？
明确：借助一些意象。
小组讨论：词人借助哪些意象来传达愁情？找相关句子并具体分析其中的意象。
①三杯两盏淡酒，怎敌他、晚来风急。
明确："酒"这一意象，诗人往往用来浇愁，词人也是借酒浇愁，可见其愁情。"晚风"写出了环境的清冷，更加重了这种愁情。
思考：浇愁的酒最好是浓酒，词人为什么要用淡酒呢？
明确：词中的"淡酒"并非酒味淡，而是愁太浓，浓酒入愁肠，顿觉索然无味。

学生读，读出情感。

②梧桐更兼细雨，到黄昏，点点滴滴。

明确："梧桐"这一意象常用来表现寂寞忧愁，离愁别绪。如李煜《相见欢》中"寂寞梧桐深院锁清秋"，白居易《长恨歌》中"春风桃李花开夜，秋雨梧桐叶落时"。词人借"梧桐"表达自己孤身一人，与丈夫永世隔绝的愁绪。而"细雨"加重了这种愁情的表达。

③雁过也，正伤心，却是旧时相识。

明确："雁"这一意象常用来表达离愁和天涯沦落的情感，在这里蕴含词人对丈夫的怀念和自己的天涯沦落之愁。

④满地黄花堆积，憔悴损、如今有谁堪摘？

明确：凋零的黄花，烘托忧伤的氛围，另"黄花"比喻女子憔悴的容颜，词人借黄花表达容颜老去，韶华不再的忧愁。

总结：以上同学分析了词人借助意象抒发愁情的句子，那词中有没有直接抒情的句子？

明确：寻寻觅觅，冷冷清清，凄凄惨惨戚戚。

这次第，怎一个愁字了得。

思考：词人一上来就写她在寻觅，你认为词人究竟在寻觅什么？

学生答……（略）

总结：所谓"一千个读者就有一千个哈姆雷特"，词人到底在寻觅什么我们暂且不去追究，咱们看看她寻觅到了什么。

冷冷清清，凄凄惨惨戚戚。

只有她孤身一人，环境的清冷更放大了词人的愁绪，所以词人最后发出"这次第，怎一个愁字了得"。这份愁可谓是国愁、家愁、情愁的融合。

（六）听录音，感受愁情

十三、课后评价

在《声声慢》的诵读教学中，通过采用借助注释疏通诗意、放飞想象身临其境、换词品析比较揣摩、配乐诵读渲染气氛等方式，逐步把学生带入了那个梧桐细雨的黄昏，带入了女词人的内心深处……让他们深切体会到了李清照那一腔无法化解无以解脱的浓愁，那种国情家势下一位女词人的情愫。

"具有独立阅读的能力，学会运用多种阅读方法。有较为丰富的积累和良好的语感，注重情感体验，发展感受和理解能力。能初步鉴赏文学作品，丰富自己的精神世界。"本节课充分体现了学生的自主阅读学习方式。自主结合注释疏通词意；分小组探究讨论，疑难问题迎刃而解；在老师的点拨引导下，结合自己的情感体验和生活体验，形成异彩纷呈的个性化解读结果。

语文素养的形成是一个长期积累的过程，经过"厚积"，才能"薄发"，才能培养起良好的语感，才能提高听说读写能力。采用诵读的方法从根本上说是为了强化和延长对文本情感体验的过程。诵读是积累的好方法，一旦做到心口相应，背诵自然水到渠成。

十四、课后作业

以"我眼中的李清照"为题写一篇 300 字左右的小短文。

第四节　作文的教学设计案例

作文教学，写作章法和技巧的指导固然必不可少，但更重要的是要让学生有尽可能多的生活积累和感悟，尽可能多地进行写作实践。高中学生往往没有足够多的时间去细致地观察生活，因此，通过大量阅读来积累生活经验和思考社会问题显得尤为重要。正如季羡林先生所说："想要写好文章，只能从多读多念中来。"

初期的作文教学不要为学生的练笔设置太多限制，应该更多地引导学生抒写自己真实的生活体验，使学生对写作始终保持浓厚的兴趣，而不是把写作当成一种任务，当成一种难以承受的负担。写作指导应将训练学生的思维能力放在重要地位，重视对学生思辨能力、联想能力和想象能力等思维品质的培养，使学生能够创造性地运用知识和生活积累，拓展写作思路，写出具有较强个性色彩的文章。

作文教学必须依照文体的特点，结合写作规律，建构起比较科学的写作指导体系，改变目前"打游击战"，缺乏长远规划的随意性局面，形成作文教学"正规作战"的常规态势，才能真正阻止作文教学的进一步边缘化，提高作文教学质量，提高语文教学效率。教师要更多地尝试"学生互批互改"等多种作文评改方式，让自己从繁重的批改任务中脱身而出，这也必将使学生在互相批改中更加深入地体验为文之道，真正学会做人作文。

接下来的内容意在引起教师对作文教学改革的重视，为高中作文教学引路搭桥。

作文讲评教学设计课例

一、教学设计

（一）教学目标

(1)培养审题能力。

(2)提高作文修改水平。

（二）学情分析

有的学生常说，学语文最怕写作文，往往是拿着作文题却不知从何入手，好不容易按老师要求的字数写完，根本不会考虑去修改。这种写前对作文的立意、内容、结构等不推敲，写后又不修改的现象在高中学生中普遍存在。有的学生虽进行了修改，但也只是就几个不当的用词进行改动；有的学生不知如何修改自己的作文，总认为写出来的东西都是重要的，舍不得删改。如不从根本上扭转这种局面，学生的作文能力就无法得到提高。因此，引导学生学会审题，提高作文修改水平，是提高学生写作能力的根本之举。

（三）教学策略

通过学生的充分讨论，审清材料，明确写作重点，展开联想，打开思路。

二、教学实施

作文材料：

一位哲人说得好："环境的宁静只不过阻挡了外来的噪音，而真正能产生干扰的噪音却来自我们的内心。"

请根据材料的寓意写一篇议论文，题目自拟，不少于800字。

（一）审题

学生分析，教师总结。

1. **审读材料，明确重点**

这是一个转折关系复句，重心偏于后一分句，提示我们后一分句是写作重点。

2. **展开联想，寻找对应**

"噪音"一词是关键词，应辨明其内涵。可用联想法，首先可结合自身成长和生活经验来明确其含义。"噪音"指的是世俗欲望、城市的喧嚣浮华引起人内在的思想波动。其次，可联想读过的文章，从中受到启发，打开思路。

《攥拳与撒手》："人这一生，谁也带不走的是财富，能留下来的是名声，人不能把金钱带进坟墓，金钱却能把人带进坟墓。"这句话启示我们不要过多地追求金钱、名利。

《从沙龙到小屋》其实讲的是从热闹到寂寞，文章启示我们文学要远离艺术商品市场的浮华，文学应是心灵激越沉寂之物，作家要耐得住寂寞，追求真正的艺术、真正的美。

《攀登我的南山》讲的是在喧嚣膨胀的人群中，人心躁动，很难产生伟大的灵魂、伟大的精神，启示人们要远离世俗的欲望。

这三种联想可帮助我们明确"噪音"的含义，也可帮助我们在现实中寻找到对应点。本次作文针对现实中人们浮躁的情绪、贪婪的物欲和追名逐利的心态，告诉人们要内心平和，甘于寂寞，潜心治学，淡泊名利，不慕浮华。

3. **辨明内涵，厘清逻辑**

材料中说"内心噪音""干扰我们内心"，这说明这种噪音是有害的，需要消除的。启示我们进行逻辑思考，噪音是什么→对人生及社会有什么危害（躁动不安，荒废时间，经年无收，而且浮躁的心和浮躁的社会共振时，会导致整个社会塌陷）→如何消除噪音→内心宁静对人生有何意义。

4. **联想交流相关事例及名言警句**

事例：

（1）文学方面，曹雪芹举家食粥而心无旁骛，披阅十载，增删五次；歌德全身心投入 60 年而创作《浮士德》；塞万提斯在喧闹的酒楼中创作《堂·吉诃德》；塞尚怀揣一颗平静的心，从法国巴黎回到南方小屋，创作出了绝妙的绘画作品；沈从文在那狼烟四起、烽火遍地的动荡年代，却能静下心来，独居一隅，抒写着心中宛如世外桃源的湘西小城；钱钟书不浮躁，不图虚名浮利，在文学上取得了令人瞩目的成就。

（2）科研方面，居里夫人、袁隆平、陈景润、牛顿、爱迪生等人的事迹；体育界的刘翔、姚明的成功范例；平凡的人如王顺友、李春艳、洪战辉等人的不平凡事迹。

（二）修改润色，营造亮点

1. 开头

（1）方式。①引用名言，有文化底蕴。②排比反复，文采飞扬。③叙述故事，生动感人。④设问开篇，回味无穷。⑤巧用命题材料，引出中心论点。

（2）原则。①开门见山，直奔正题，不要设置曲折迂回的语言迷雾。②语言要精练，有文采。

（3）学生修改病文开头。

（4）学生示范优秀文段。

"环境的宁静只不过阻挡了外来的噪音，而真正产生干扰的噪音却来自我们的内心。"是啊，若是心中充斥着噪音，便会在诱惑的花丛中迷失方向，唯有携一颗宁静的心上路，脚步才会踏实，人生之舟才不会偏离航向。

2. 主体部分

事例与说理有机结合，叙述要简明，议论要精辟；联系现实，把笔触伸入到繁华的社会现实中，有感而发。

（1）说理。

角度分"是什么""为什么""怎么做"；方法分别是引用名言分析说理，阐明是什么，谈表现、危害、措施和意义。

①引用名言，分析说理。

教师示范：

师："我在天空垂钓，钓一池晶莹剔透的繁星。"梭罗的吟唱充满诗意。是啊，"心远地自偏"，只要心静，你就能听到花开的声音和燕子的呢喃。宁静的心灵，会让你收获睿智和自然的天籁之音。

师："永远被风吹着的水面，不会平静下来接受美丽的风景。"心亦如此，内心嘈杂的人耳边永远都是喧闹，他们神色惶惶，步履匆匆，内心躁动，他们的生命看似繁华却疲惫无比。而心地平和，便能远离世俗，赢得一份安闲和美丽。

学生练习交流：

生1：著名诗人汪国真有这样一首诗："心晴的时候，雨也是晴；心雨的时候，晴也是雨。"我们不妨换言之，"心躁的时候，静也是噪；心静的时候，噪也是静。"没有一颗宁静的心，纵使独处幽谷，亦难平息对金钱、名利的渴求。外界的噪音只能伤害我们的肉体，而内心的噪音，却足以损害我们的灵魂。唯有宁静，才能淡泊；因为淡泊，才能抵御金钱、名利的诱惑。

生2："非淡泊无以明志，非宁静无以致远。"说的就是一种淡泊名利、宁静无杂的心态。唯有淡泊，才能让一颗心在喧嚣嘈杂的尘世中寻找到方向；唯有宁静，才能使一个人远离金钱名利所带来的纷纷扰扰。

生3：著名音乐家傅聪曾有这样一句名言："你孤独了，你才能创造一个世界。"这里的孤独，即舍弃浮华，不慕名利，拒绝心灵的噪音，独守宁静的心灵。

②阐释是什么？

学生齐读示范文段：

A. 静，并非微风不动，有如一潭死水，而是能在世事嘈杂中保持自我，在灯红酒绿中控住方向。

心静是面对喧闹嘈杂能够心如止水；心静是面对铺天卷来的荣誉光环能够淡然处之；心静是面对人生的惆怅能够闲庭信步，坐看花开花落。

B. 宁静的心，不为利欲纷争所侵扰。它是"结庐在人境，而无车马喧"的镇定；是"孤舟蓑笠翁，独钓寒江雪"的从容；是"采菊东篱下，悠然见南山"的恬然；是"心静自然凉"的超然境界。

③从现实入手，或谈意义，或谈危害，或谈表现。

教师点拨，学生练习交流。

A. 心灵要宁静，尤其是在商潮滚滚、钱浪滔滔、"唯物主义"盛行的今天，更要拒绝心灵的噪音，坚守一颗宁静的心。像朱自清那样善待自己的心灵，寻找自己心灵静谧的"荷塘"。因为只有宁静的心灵才能过滤浅薄、沉淀浮躁，才能诞生不朽的思想，长出精神的果实。心灵宁静者虽没有重权厚禄、浮华如云，却有一份心平气和、静心钻研的心境，并凭借聪明的心智和智慧的积淀，洞察一些俗事，收藏一些永恒，经营出一片精神的天地。

B. 当今社会充斥着各种名与利的诱惑，浮躁、喧嚣如海浪铺天盖地冲击着我们。有些人在种种名利诱惑面前难以把持，汲汲于富贵，心神不宁，躁气附身，学不进，坐不住，卧不宁，急功近利，耐不住寂寞，心灵充满了噪音、杂质，终致荒时暴月，终年无收。

面对社会的喧嚣，我们不要做招摇的枝柯，而应该做静默的根系，深扎土中，不为风雨所撼动，不管风吹浪打，胜似闲庭信步，不随波逐流，不迷失自我，不急功近利，在扎实奋斗中体味人生的真谛。

(2)事例。

①注意事项。

一是准确。

二是有点题意识，使标题、主旨得到很好的强调。

学生修改病文并交流。教师修改，强化点题意识。

大山的外面是繁华和霓虹的闪烁，苗乡的外面是商潮和钱浪滚涌，而李春燕却保持着一份内心最原始的宁静，不被外物支配和干扰，消除内心的噪音，她支援了乡村，照亮了苗乡，也点亮了世界，为我们树立了一座不朽的丰碑。

三是人人皆知的事例一笔带过。

四是排比列举，所举事例最好能涉及不同领域、时代。

五是旧例写出新意，写出文采。

在历年的优秀作文中，考生们能将课本素材中的古典诗词及名人名言信手拈来，彰显了他们深厚的文化底蕴，所以运用历史文人的事例是可以的，但必须写出文采，写出文化底蕴。建议同学们整理一下语文课本中的史料，但不能像病文中的事例，为迎合"文化"和"阅读者的口味"而"文化"，描写几个现成的人物生拉硬扯，文中无"我"的思考。

教师示范：陶渊明面对向荣的欣欣之木，始流的涓涓之泉，始而"感吾生之行休"，后又反问"胡为乎遑遑欲何之?"最后看破玄机，"乐夫天命复奚疑"。正是一种看轻名利、看破生死的宁静使他心如止水，正是这种心如止水的平静使他即使箪食瓢饮也悠然自得。

六是表述事例时，句式灵活，如设问、反问，整句、散句等。

七是表述事例时，如加上引用，则更精彩。

②学生诵读事例分析文段。

A. 一位伟人说："保持好的心态比拥有好的环境更重要。"我想，这好的心态必不可少的便是内心的宁静。守住了内心的宁静也就摒弃了躁动与浮华。于是，曹雪芹15年含辛茹苦，铸就了《红楼梦》；歌德用60年心血写成了一部《浮士德》；塞尚在宁静的乡间小屋埋头苦干，成为现代绘画之父；居里夫人拒绝采访，不稀罕名声，不奢望优裕，才又一次登上诺贝尔领奖台……这些都是忧郁宁静的内心孕育出了深邃的思考，伟大的发现，不朽的创作。

B. 回眸中华五千年历史，一颗颗宁静的心散发出清淡而独特的芬芳。庄子以他淡泊的心摒除着来自外界的是非曲直、功名利欲，笑看云卷云舒。他是一棵树，一棵孤独的树，一棵深夜里守望心灵月亮的树。在他那里，我看到了一颗不因名利荣誉而改变跳动速率的心，一颗厚重宁静的心。

C.《江雪》中的垂钓者，也许是宁静的心境的最美描绘了。冰天雪地，"千山鸟飞绝，万径人踪灭"，一把竹竿，一身蓑衣，"独钓寒江雪"。他的心一定静得如一片冰雪世界。历史上庄子垂钓于濮水，陶渊明采菊于东篱，李白把酒临风邀月与共，欧阳修寄情山水与民同乐，他们拥有了宁静致远的世界，便获得了心灵的永恒。

（3）联系现实。

原材料的后一句话"而真正能产生干扰的噪音却来自我们的内心"，能体现现实针对性，现实中有很多心存噪音的人，我们应对现实中这些人提出忠告或建议。

引导学生联系现实，针砭说理。

范例：相比之下，时下一些"知名学者"，今天在这里作报告，明天到那里参观，转眼又回到某个仪式上领奖，耀眼的灯光下，他们光芒四射，然而，他们却忘了，自己的学问从来都不是在舞台镁光下产生的。名利、虚荣在这些学者和学问之间竖起了一道坚硬的墙，阻隔了学术交流，扼杀了创新思想。他们难道不知道这些华而不实的名利是经不住时间考验，终究难逃淘汰厄运的吗？

（三）修改病文

（1）找学生分析病文存在的问题。

（2）引导他们修改开头、结尾、说理段和事例段，从而厘清文章思路。

（3）改后交流。

三、教学反思

这节课的作文教学在很大程度上是局限于对一小部分人的教学，这"一小部分"当然就是所谓的语文精英，其他学生基本上处于"陪衬"状态，造成作文写作只是"少数人写"的局面。在以后的教学中，要肯定学生的点滴进步，激发所有学生的创作欲望，让学生品尝自己的写作成果，从而提高学生的写作水平。

参考文献

[1]江伟英．语文思维课堂的生成路径与基本步骤[J]．广东教育(综合版)，2019(06)：37-38.

[2]赵岚昕．走向深度学习的高中语文思维课堂构建与实践[J]．教学考试，2022(46)：71-73.

[3]张潇．探究高中语文教学中的思维课堂构建策略[A]．廊坊市应用经济学会．对接京津——扩展思维基础教育论文集[C]．廊坊市应用经济学会：廊坊市应用经济学会，2022：4.

[4]葛建奎，赵予晗．聚焦语文深度学习构建"活力思维"课堂——活力思维课堂教学范式案例解读[J]．黑龙江教育，2022(08)：32-33.

[5]马芝花．基于思维课堂建构的问题链设计研究——小学语文阅读教学例谈[J]．教师博览，2022(33)：33-34.

[6]孙林莉．生本理念下高中语文思维课堂基本模式的构建[J]．新作文(语文教学研究)，2018(11)：15.

[7]童琦．思维课堂　人生语文[J]．湖北教育，2018(08)：31-32.

[8]王荣生．散文教学教什么[M]．上海：华东师范大学出版社，2018.

[9]魏江北．促进思维发展与提升的语文课堂提问研究[M]．上海：华东师范大学，2020.

[10]向瑞．统编语文教材"批注"的分析与教学[J]．教学与管理(小学版)，2020(2).

[11]谢谦．国学基本知识现代诠释词典[M]．成都：四川人民出版社，1998.

[12]于漪．有点新思考新作为[J]．语文学习，2018(1).

[13]余映潮．余映潮中学语文散文名篇教学实录及评点[M]．武汉：长江文艺出版社，2017.

[14]赵国庆，黄荣怀，等．知识可视化的理论与方法[J]．开放教育研究，2005，11(1).

[15]赵国庆．知识可视化2004定义的分析与修订[J]．电化教育研究，2009(3).

[16]中华人民共和国教育部．义务教育语文课程标准(2011年版)[M]．北京：北京师范大学出版社，2012.

[17]钟启泉．学会"单元设计"[C]．中国教育报，2015.